KB086183

왜 아테네는 펠로폰네소스 전쟁에서 졌을까?

교과서 속 역사 이야기, 법정에 서다

06
역사공화국
세계사법정

아르키다모스 vs 페리클레스

왜 아테네는 펠로폰네소스 전쟁에서 졌을까?

글 육혜원 · 그림 이남고

(주)자음과모음

학창시절, 교과서에 나오는 전쟁이나 인물의 이름, 연도 등을 외우다 보니 흔히들 역사라면 단편적 사실들을 외워야 하는 딱딱한 것이라 생각하지요. 하지만 자세히 들여다보면 역사처럼 재미있는 것도 없습니다. 내가 직접 역사 속 주인공인 된 양, 이야기를 읽다 보면 역사는 어느새 우리 곁에 친구처럼 편한 존재로 다가올 수 있습니다.

이 책에서는 펠로폰네소스 전쟁을 배경으로 아테네와 스파르타가 치열하게 전쟁을 벌이는 모습을 생생하게 담고 있습니다. 또한 그동안 민주주의의 꽃으로 잘 알려졌던 아테네와는 달리 역사적 조명을 받지 못하던 스파르타의 진면목도 살펴볼 수 있습니다.

고대 그리스의 두 강국, 아테네와 스파르타는 과연 어떤 세상을 꿈꿨을까요? 그리스 세계의 진정한 평화의 수호자는 어느 나라였을까요? 아르키다모스와 페리클레스가 펼치는 이야기를 통해 독자 여러분을 흥미로운 역사적 현장 속으로 빨려 들어갈 수 있습니다.

중앙대학교 정치국제학과 교수 박성우

아테네 인들은 이집트 문명이나 인더스 문명과는 다르게 도시국가를 세워 생활하였습니다. 강력한 왕이 혼자서 거대한 영토를 지배하는 것을 싫어했기 때문입니다. 아테네는 솔론부터 클레이스테네스까지 모두 권력을 시민에게 양보하여 민주주의의 기초를 마련했습니다. 독재 정치를 펼칠 위험이 있는 인물은 투표를 통해 아테네에서 추방하는 '도편 추방제'도 만들었지요.

반면, 아테네와 가까운 이집트에는 왕의 자리를 자식에게 대물림하고 백성에게 영원한 복종을 요구하는 최고 통치자 파라오가 있었습니다. 왕의 거대한 무덤인 피라미드를 만드느라 수많은 사람이 죽기도 했지요. 한편 인도에서는 카스트 제도라는 공고한 신분 체계가 있었습니다. 신분이 낮은 일반 백성과 노예들은 사제와 귀족을 섬기며 불공평하게 살았지요.

이처럼 고대 그리스의 '민주주의'는 다른 문명에서는 찾아볼 수 없는 것이었습니다. 이러한 '민주주의' 제도는 로마 시대와 중세 시대에는 중단되었다가 근대에 이르러 다시 살아났고, 그 정신은 오늘날까지 영향을 주고 있지요.

이 책에 등장하는 스파르타의 아르키다모스 왕은 지금까지 아테네의 훌륭한 업적이라고 여겨 왔던 민주주의를 비판하며 아테네의 역사를 다시 살펴봐야 한다고 주장합니다. 민주주의를 꽃피운 아테네에도 노예는 있었고, 이들이 천한 일을 도맡아 했던 것은 사실이지요.

아테네의 민주정은 페리클레스 시대에 와서 가장 크게 발전했는데, 그 당시 이웃 도시국가였던 스파르타는 소수만이 권력을 독점하는 과두정 체제의 군사 강국이었습니다. 기원전 431년에 마침내 두 강대국인 아테네와 스파르타 사이에 펠로폰네소스 전쟁이 일어났습니다. 그리고 기원전 404년에 아테네의 패배로 전쟁이 끝났지요. 이 책에서는 그리스 인들이 왜 이 전쟁을 했고 그 결과는 어떠했는지를 다룹니다.

원고인 아르키다모스 왕은 스파르타가 전쟁을 일으킬 수밖에 없었던 이유와 아테네의 잘못에 대해 이야기합니다. 하지만 피고인 페리클레스 장군은 전쟁의 결과와 상관없이 아테네가 민주주의에 기여한 업적이 크다고 주장하지요.

아테네는 기원전 492년부터 기원전 448년까지 지속된 페르시아 전쟁에서 승리하고 델로스 동맹을 결성한 이후, 동맹국을 속국으로 삼으며 세력을 확장했습니다. 그래서 스파르타를 비롯한 펠로폰네소스 동맹국들은 아테네가 더 이상 민주주의 국가가 아니라 제국주의 국가가 되었다고 비난했지요. 또한 아테네 내부에서 스파르타의 편을 드는 사람들도 생겨났습니다. 이들은 대부분 부자였습니다. 페리클레스가 가난한 시민들에게까지 정치권력을 나눠 주었을 뿐만 아니라 시민들을 먹여 살리려고 국고를 낭비해 결국 부자인 자신들이 희생되어야 했다며 민주정을 싫어했지요.

과연 원고 아르키다모스 왕은 세계사법정에서 벌어진 재판에서 승리할 수 있을까요? 그리고 스파르타의 역사가 아테네의 역사만큼 후손들에게 칭찬받을 수 있을까요?

여러분은 이번 재판을 통해 아테네의 영광에 가려 있던 스파르타에 대해 새롭게 돌아볼 수 있을 것입니다. 스파르타의 아르키다모스 왕의 입장을 곰곰이 생각해 보고, 아테네와 스파르타에 대해 여러분 나름대로 평가해 보기를 바랍니다.

육혜원

차례

재판 둘째 날 펠로폰네소스 전쟁은 왜 일어났을까?

재판 셋째 날 그리스 사회는 어떻게 바뀌었을까?

교과서에는

페르시아의 다리우스 1세는 지중해 연안 및 이집트와 메소포타미아 지방, 그리고 인도의 서북부에 이르는 대제국을 건설하였다.

중학교	역사

VII. 통일 제국의 형성과 세계 종교의 등장
　1. 페르시아 제국과 사산 왕조
　　(2) 페르시아가 다양한 문화를 통합하다

VII. 통일 제국의 형성과 세계 종교의 등장
　1. 고대 그리스 세계의 형성과 로마 제국의 발전
　　(1) 지중해에서 그리스 문명이 일어나다

기원전 8세기경 그리스에는 폴리스라는 새로운 도시 국가들이 곳곳에서 발전했다. 이 중 아테네에서는 초기의 왕정을 거쳐 귀족 정치가 실시되었고, 평민도 정치에 참여할 수 있게 되었다.
기원전 5세기 말에는 도편 추방제를 제정하여 민주 정치의 기틀이 마련되었고, 페르시아 전쟁 이후에는 민주 정치가 확립되어 아테네는 전성기를 맞게 되었다.

스파르타는 펠로폰네소스 동남부에 건설된 폴리스였다. 이웃 영토를 정복하고 노예로 삼은 스파르타는 용맹한 전사로 이름이 높았다. 한편 아테네는 귀족정을 시작으로 금권정과 참주정을 거쳐 민주 정치를 시행하였다. 이후 아테네와 스파르타의 대립이 격화되어 일어난 펠로폰네소스 전쟁에서 스파르타가 승리하지만 그 패권도 오래가지 못하였다.

고등학교	세계사	II. 도시 문명의 성립과 지역 문화의 형성 4. 그리스와 로마 (1) 폴리스에서 탄생한 그리스 문명
		II. 도시 문명의 성립과 지역 문화의 형성 4. 그리스와 로마 -파르테논 신전에 담긴 아테네의 민주 정치와 제국주의

아테네의 파르테논 신전은 아테네의 영광을 찬양하기 위해 세워진 것으로, 아테네 민주 정치가 꽃필 수 있었던 배경에 아테네가 다른 폴리스보다 우월한 권위를 행사했던 아테네 제국주의가 있었음을 반증하기도 한다.

세계사 연표

기원전	
2000년경	크레타 문명 발생
1400년경	미케네 인들이 크레타 문명 정복
1100년경	그리스에 도리아 인 이주, 그리스 암흑시대 시작
800년경	폴그리스의 도시국가 성립
650년경	아테네, 참주정 시작
594년	솔론의 개혁
492년	페르시아 전쟁 시작
478년	아테네를 중심으로 델로스 동맹 결성
463년	페리클레스, 아테네의 장군으로 임명
433년	스파르타를 중심으로 펠로폰네소스 동맹 결성
431년	펠로폰네소스 전쟁 시작
404년	펠로폰네소스 전쟁 끝남
336년	마케도니아, 그리스 지역 정복
323년	알렉산더 대왕 사망
146년	아테네와 스파르타 멸망

한국사 연표

기원전	
2333년경	단군, 고조선 건국
2000년경	후기 신석기 문화 형성
1500년경	중국 동북 지방에 청동기 문화 전래
700년경	고조선이 최초로 기록에 등장
300년경	철기 문화 시작, 연나라의 고조선 침입
200년경	삼한 시대 시작
195년경	위만, 고조선에 망명
194년경	위만 왕조 성립
109년경	한 무제, 고조선 침략
108년경	고조선 멸망, 한사군 설치

등장인물

원고 **아르키다모스(?~기원전 427년)**

나는 고대 그리스의 강력한 나라 스파르타의 왕으로, 지혜롭고 신중한 통치로 유명했소. 아테네의 페리클레스와는 친구였지만, 그가 이끌던 아테네 군과 펠로폰네소스 전쟁을 벌였지요. 이 전쟁의 초기 10년간(기원전 431~기원전 421)을 두고 내 이름을 따서 '아르키다모스 전쟁'이라고 한다오.

원고 측 변호사 **김딴지**

딴죽 걸기의 명수, 패기가 넘치는 김딴지 변호사입니다. 나는 사람들에게 알려진 역사가 모두 진실이라고 생각하지 않아요. 역사 속 패자들의 입장도 살펴볼 필요가 있다고 주장하지요.

원고 측 증인 리쿠르고스

고대 그리스 시대 최고의 입법자였던 나는 스파르타에서 여러 가지 제도들을 만들었소. 검소하고 강직한 성격으로 '스파르타의 전설'이라고 불린다오.

원고 측 증인 헬레네스 (가상 인물)

그리스 시민이었던 헬레네스입니다. 아테네가 델로스 동맹을 이끌던 당시 동맹 도시국가의 시민이었죠. 다들 나보고 다혈질이지만 솔직한 점이 매력이라고 하더군요.

원고 측 증인 리산드로스

나 리산드로스는 펠로폰네소스 전쟁이 끝나 갈 무렵 스파르타의 해군 사령관이 되었지요. 나의 용감함에 찬사를 보내는 사람들이 엄청났다니까요.

피고 **페리클레스 (기원전 495년? ~ 기원전 429년)**

나는 아테네의 정치가이자 장군이었소. 지혜롭고 정직하기로 이름난 데다 뛰어난 웅변술로 사람들의 마음을 움직였지요. 기원전 463년부터 30년 동안이나 매년 장군으로 뽑혔으니, 당시 나의 인기를 짐작할 수 있겠지요?

피고 측 변호사 **이대로**

역사공화국에서 이름난 변호사, 이대로올시다. 나는 기존의 역사적 평가는 다 이유가 있다고 확신하지요. 역사적 진실은 쉽게 변하는 것이 아니니까요.

피고 측 증인 **크세노폰**

그리스의 역사가이자 군인이었던 나는 소크라테스에게 학문을 배웠소. 이후 조국 아테네로부터 추방당해 책을 쓰며 여생을 보냈지요.

피고 측 증인 **솔론**

기원전 594년에 아테네의 아르콘으로 임명되어 '솔론의 개혁'을 일으킨 정치가가 나요. 꾀가 많고 현명하다는 말을 들었지요.

피고 측 증인 **플루타르코스**

『플루타르코스 영웅전』이라는 유명한 역사책을 쓴 역사가요. 고대 그리스의 철학, 과학, 신학, 문학에 관심이 많아 관련된 책들도 여러 권 썼답니다.

피고 측 증인 **니키아스**

나는 펠로폰네소스 전쟁 당시에 아테네의 장군이었소. 스파르타와 화해하기 위해 많은 노력을 했지요. 나는 평화를 사랑하거든…….

피고 측 증인 **알키비아데스**

펠로폰네소스 전쟁 당시에 아테네의 주전파 지도자였소. 전쟁을 두려워하지 않는 용감함이야말로 나의 매력이라오.

“스파르타의 진가를 밝히고야 말겠소”

‘끼이익.’

“손님, 김딴지 변호사 사무실 앞에 다 왔습니다.”

“기사 양반, 고맙구려. 그런데 그 변호사는 재판에서 잘도 이긴다더니만 사무실은 영 변두리에 있군.”

그리스 조각상처럼 멋진 풍채를 자랑하는 아르키다모스 왕은 한 손에 약도를 꼭 쥔 채 택시에서 내렸다. 그는 주위를 한번 둘러보다가 고개를 들어 건물에 걸린 간판을 보았다.

‘스파르타 어학원’, ‘스파르타 집중 수학’, ‘스파르타 식 완벽 학습’

“나 참, 나의 조국 스파르타의 진정한 모습은 온데간데없고, 이렇게 가짜 스파르타만 판을 치니 원…….”

한때 아테네와 어깨를 나란히 하고 에게 해의 패권을 두고 다투던 스파르타. 그러나 스파르타의 옛 명성은 찾을 수 없고, 사람들은 ‘스파르타’라고 하면 그저 혹독한 군대식 교육으로 악명을 떨친 나라로만 기억하고 있었다.

“나의 조국 스파르타를 그저 무서운 나라로만 알다니, 그리스의 철학자 플라톤은 스파르타를 두고 이상적인 국가의 표본이라고도 말했는데 말이야.”

아르키다모스 왕은 아테네의 영광에 가려진 조국을 떠올리며 씁쓸한 마음으로 읊조렸다.

‘아, 저곳인가 보군. 일단 들어가 보자.’

아르키다모스 왕은 손에 쥔 약도와 김딴지 변호사 사무실의 간판을 번갈아 보며 생각했다.

‘똑똑.’

“여기가 김딴지 변호사의 사무실이오?”

“네, 제가 김딴지입니다. 그런데 누구신지요?”

“스파~르타! 이제 전쟁이야!”

사무실에 들어서자 어디선가 스파르타를 목청껏 부르짖는 소리가 들려왔다.

“아니, 저 사람은 누구이기에 저렇게 있는 힘껏 내 조국 스파르타를 부르짖는 거지?”

아르키다모스 왕이 텔레비전을 가리키며 어리둥절한 표정으로

중얼거리자, 김딴지 변호사가 호기심 어린 목소리로 물었다.

"저…… 누구신지 모르겠지만, 스파르타가 조국이라고요? '스파~르타'는 지상 세계에서 인기 있는 연예인이 텔레비전 프로그램에 나와서 떠드는 유행어이지 않습니까? 손님은 통 텔레비전을 안 보시나 보네요."

"유행어라고? 나는 지금 저 사람이 부르짖는 스파르타에서 한때 왕의 자리에 있었던 '아르키다모스'라고 하오. 이제 보니 김딴지 변호사도 스파르타라는 말을 군대식 구호 정도로 알고 있나 보군요. 이런 변호사에게 소송을 의뢰하려 했으니…… 이것 참, 내가 맞게 찾아온 건지 갑자기 의심스럽구려."

"그렇다면 군대식 훈련 말고도 스파르타에 유명한 것이 또 있단 말입니까?"

스파르타를 남녀노소 가릴 것 없이 혹독한 훈련을 시킨 나라로만 알고 있던 김딴지 변호사는 갑자기 찾아와 신세를 한탄하는 아르키다모스 왕의 사연이 궁금했다.

"그런데 스파르타의 왕이었던 분께서 어쩐 일로 나를 찾아오셨나요? 설마 저 연예인에게 소송을 걸려는 건 아니겠죠?"

"내 이야기를 먼저 들어 보시오. 스파르타는 이웃 나라인 아테네와 28년 동안이나 펠로폰네소스 전쟁을 벌였소. 그리고 그 전쟁을 승리로 이끌어 그리스 전체에 평화를 가져왔소이다. 그런데도 오늘날 사람들은 '스파르타'라고 하면 그저 국민에게 혹독한 군대식 훈련을 시킨 야만적인 국가로만 알더군요. 아테네는 민주 정치를 꽃피웠다고 칭송하면서 말이오. 하지만 스파르타는 아테네에 뒤지지 않는 역사를 자랑하고 있다오. 스파르타 인들이 아테네에 밀려 2인자로 기억되는 것을 더는 참을 수 없소이다. 그래서 나는 아테네의 페리클레스 장군을 법정으로 불러 잘잘못을 따져 보고 싶소."

"아, 그런가요? 악명 뒤에 숨겨진 스파르타의 진면목을 제대로 알리고 싶단 말씀이군요. 좋습니다. 그럼 앉아서 차근차근 이야기를 해 보시지요."

"나의 조국 스파르타로 말할 것 같으면……."

영원한 라이벌, 아테네와 스파르타

기원전 9세기 말, 그리스에는 폴리스라고 불리는 작은 도시국가들이 나타나기 시작했습니다. 이들은 주로 농업과 무역에 종사하며 서로 돕고 힘을 모았지요. 이러한 폴리스들 중에서 가장 두드러진 것이 '아테네'와 '스파르타'였습니다.

한편 당시 서아시아의 대제국이었던 페르시아는 이집트에서 인더스 강에 이르는 광활한 영토를 다스리고 있었습니다. 기원전 5세기 초에 페르시아는 세 차례에 걸쳐 그리스를 침입, 마라톤과 살라미스 등에서 그리스군과 큰 전쟁을 벌이게 되지요. 강력한 페르시아 군대를 맞아 그리스에 있는 폴리스들은 단결할 수밖에 없었습니다. 아테네와 스파르타를 중심으로 결속한 그리스 인들은 페르시아군을 무찌르게 되지요.

전쟁이 끝난 후 그리스의 여러 폴리스들은 페르시아가 다시 침입할 것에 대비하여 '델로스 동맹'을 맺게 됩니다. 본부가 델로스 섬에 있었기 때문에 이런 이름이 붙여졌지요. 하지만 '델로스 동맹에 한번 가입하면 탈퇴를 허용하지 않는다, 화폐는 아테네의 것만 쓴다, 법률도 아테네의 것만 쓴다' 등 델로스 동맹 내에서 아테네의 독주가 계속되자

이에 불만을 품는 폴리스들이 늘어 갔습니다. 스파르타 역시 마찬가지였지요.

아테네에 위협을 느낀 스파르타는 델로스 동맹에 가담하지 않은 폴리스들을 하나로 묶어 '펠로폰네소스 동맹'을 결성하였습니다. 그리고 기원전 431년 아테네를 치기 위해 군사를 일으킵니다. 그리스의 전 지역은 아테네로 대표되는 델로스 동맹과 스파르타로 대표되는 펠로폰네소스 동맹이 싸우는 전쟁터가 되고 말지요. 이 전쟁을 펠로폰네소스 전쟁이라고 부릅니다. 전쟁의 결과 스파르타가 승리하게 되고 아테네를 대신하여 그리스의 패권을 거머쥐게 됩니다. 하지만 이후 폴리스 간에 싸움이 계속되어 그리스는 점차 힘을 잃고 맙니다.

원고 | 아르키다모스 대리인 | 김딴지 변호사
피고 | 페리클레스 대리인 | 이대로 변호사

청구 내용

그리스 지역의 수많은 도시국가 가운데 하나였던 아테네는 지금껏 지중해 문명을 꽃피운 나라로 칭송받고 있습니다. 하지만 이것은 스파르타가 기원전 492년부터 기원전 448년까지 페르시아 전쟁으로 위험에 처한 아테네를 도운 덕분입니다. 그런데 아테네는 그 은혜를 잊고 마치 스스로 승리를 이룬 양 그리스의 맹주로 군림하려 했습니다. 그리고 그리스 국가들은 페르시아 전쟁 이후에 페르시아가 다시 공격해 올 것에 대비해 아테네를 중심으로 델로스 동맹을 맺었습니다. 그런데 아테네의 페리클레스 장군은 델로스 동맹국이 모은 공금을 빼돌려 자기 나라만 강하게 하려는 정책을 펼쳤습니다. 그럼에도 현재 역사 교과서는 왜 스파르타가 아테네를 상대로 펠로폰네소스 전쟁을 벌일 수밖에 없었는지에 대해서는 설명하지 않고 그저 아테네를 찬양하고 있을 뿐입니다. 심지어 한때 스파르타의 왕이었던 나, 아르키다모스에 대해서는 한마디 소개도 하고 있지 않지요. 비단 교과서만이 아닙니다. 대부분의 역사책도 아테네는 현대 민주 정치의 표본으로 묘사하면서 스파르타는 엄격한 군사 훈련을 시킨 나라로만 설명합니다. 하지만 아테네는 겉으로는 민주 정치를 내세웠지만 실제로는 제국주의적 속내를 감추고 있던 국가로 현대 민주 정치의 표본이라고 불리는 것은 당치도 않은 일입니다. 이에 나는 그동안 역사의 뒤안길에서 숨죽이고 있던 스파르타의 명예를 되찾고자 소송을 제기하는 바입니다.

입증 자료

- 중학교 역사 교과서
- 고등학교 세계사 교과서

그 외 자료 추후 제출하겠음.

위 청구인 아르키다모스

역사공화국 세계사법정 귀중

김딴지

재판 첫째 날

그리스 사람들은 어떻게 살았을까?

1. 그리스는 어떤 나라일까?
2. 아테네와 스파르타는 어떤 나라일까?
3. 과두정과 민주정은 어떻게 다를까?

교과연계

역사
Ⅶ. 통일 제국의 형성과 세계 종교의 등장
1. 고대 그리스 세계의 형성과 로마 제국의 발전
(1) 지중해에서 그리스 문명이 일어나다

1 그리스는 어떤 나라일까?

여기는 하루도 쉬지 않고 재판이 열리는 역사공화국 세계사법정.

"아니, 왜 이렇게 살아서 억울한 일을 당한 사람이 많은 거야? 재판이 끊이질 않는군."

"그러게 말이야. 이집트의 쿠푸 왕이 다녀가질 않나, 페르시아의 크세르크세스 왕이 찾아오질 않나……."

"흠, 그 사람들은 한때 대제국을 거느리며 남부러울 것 없이 살았으면서 뭐가 그렇게 억울하다는 걸까?"

"자네는 '역지사지'라는 말도 모르나? 사람마다 다 입장이 달라서 그런 거지. 재판을 지켜보면 다들 자기만 옳다고 주장하지. 조금만 상대의 입장이 되어서 생각해 보면 답을 찾을 수 있을 텐데."

"일동 기립! 판사님이 입정하십니다."

어수선한 방청석을 향해 법정 경위가 소리쳤지만 술렁임은 쉬 가라앉지 않았다.

"뭐라는 거지? 입…… 뭐, 뭐라고?"

"판사가 지금 입정한다잖아. 입정! 입정이라는 말도 모르나? 판사가 법정에 들어온다고. 암튼 얼른 일어서게나."

검은 법복을 입은 명판결 판사가 천천히 걸어 들어왔다. 위엄 있게 법정을 휘둘러보는 그의 눈빛에 웅성이던 방청객들이 찬물을 끼얹은 듯 고요해졌다.

판사 에헴, 오늘도 어김없이 많은 분들이 오셨군요. 원고 측과 피고 측은 모두 자리하셨겠죠? 그럼 이제 시작하겠습니다. 먼저 원고 측 변호인이 소송을 제기한 이유를 설명하세요.

그때 김딴지 변호사는 머리끝부터 발끝까지 갑옷으로 무장한 방청석의 스파르타 전사를 보느라 한눈을 팔고 있었다.

김딴지 변호사 이야, 이런 건 뭐로 만들었죠? 칼에 찔려도 피 한 방울 안 나겠는데요.

판사 어험.

판사가 헛기침을 하며 눈치를 줬지만 김딴지 변호사는 여전히 스파르타 전사에게 정신이 팔려 있었다. 스파르타 전사는 난처한 듯

판사와 김딴지 변호사를 번갈아 보며 땀을 뻘뻘 흘렸다.

판사 어험, 김딴지 변호사! 재판에 집중하세요. 아니면 그냥 넘어갈 겁니다!

김딴지 변호사 앗, 네…… 네, 판사님! 근데…… 뭐라고 하셨나요?

판사　소송을 제기한 이유를 설명하라고 했소.

김딴지 변호사　아, 네. 오늘 재판에서 다룰 사건은 지금으로부터 약 2500년 전에 그리스에서 일어난 전쟁에 관한 것입니다. 뭐, 워낙 유명한 전쟁이다 보니 익히 아는 분도 많으리라 생각되는군요. 그 이름도 유명한 펠로폰네소스 전쟁이지요.

"아, 펠로폰네소스 전쟁? 그 전쟁이야 워낙 유명하지 않나?"

기원전 431년에 일어나 무려 28년간이나 그리스를 떠들썩하게 만든 그 전쟁에 관해 떠드느라 방청석이 또다시 술렁였다.

김딴지 변호사　네, 맞습니다. 여러분이 찬양해 마지않는 아테네와 인정이라고는 눈곱만큼도 없다고 알려진 스파르타 간에 벌어진 전쟁이지요. 그러나 여러분, 생각해 보세요. 스파르타가 아무런 이유도 없이 아테네를 공격했을까요? 과연 스파르타 인이 무자비하고 전쟁을 좋아하는 사람들이기 때문에 전쟁이 일어난 것일까요? 오늘 이 자리에서 찬란한 문화를 앞세워 탐욕스런 제국주의의 속내를 감추었던 아테네의 진짜 모습을 속속들이 보여 드리겠습니다.

이대로 변호사　판사님, 이의 있습니다! 지금 원고 측 변호인은 소송을 제기한 이유는 설명하지 않고 자신의 감정이 섞인 주장만 늘어놓고 있습니다.

판사　인정합니다. 김딴지 변호사, 하루도 조용히 넘어가지를 않는군요. 이번 재판에서만큼은 사실에 입각해 말하세요.

김딴지 변호사 흠, 알겠습니다. 당시 아테네와 스파르타는 지중해 근처의 펠로폰네소스 반도를 중심으로 여러 도시국가들과 함께 살았습니다. 그런데 페르시아가 갑자기 동으로 서로 영토를 넓히더니 그리스를 침공해 기원전 492년, 페르시아 전쟁이 일어났습니다. 이때 스파르타의 군사들이 아테네를 도와 페르시아를 물리쳤지요. 이때만 해도 스파르타와 아테네 사이에 큰 문제는 없었습니다.

판사 페르시아와 그리스 도시국가 간의 전쟁에서 그리스가 승리했다는 말이지요?

김딴지 변호사 그렇습니다. 아테네만이 페르시아에 대항한 것이 아니라 스파르타를 포함한 그리스의 도시국가들이 함께 전쟁을 치르고 승리를 거뒀지요. 그런데 아테네는 전쟁에서 이기자마자 모든 이익을 독차지하려 했습니다.

판사 스파르타는 어떻게 했지요?

김딴지 변호사 그리스 도시국가 동맹국들은 페르시아가 공격해 올 것에 대비해 델로스 섬에 공금을 모아 두었지요. 그런데 아테네는 이 돈을 갑자기 아테네로 옮기는가 하면, 자기네가 무슨 대장인 양 이 나라 저 나라를 간섭하기 시작했어요. 아니, 스파르타도 페르시아 전쟁에서 이기려고 죽을힘을 다해 싸웠는데 그 이익은 아테네가 다 챙기고, 이게 말이 됩니까?

판사 김딴지 변호사, 또 흥분하는군요. 진정하고 말해 주세요.

김딴지 변호사 흠흠, 스파르타는 그리스 전체의 평화를 위해 아테네와 함께 페르시아에 대항해 싸웠습니다. 당시 아테네가 다른 도시

국가들에 비해 민주정과 철학, 종교 등이 발전했던 것은 사실입니다. 하지만 그렇다고 스파르타를 비롯한 다른 도시국가들은 잠자코 있어야 하나요? 역사 속에서 그저 아테네의 들러리가 되어야 한단 말입니까? 판사님! 역사 교과서의 한 페이지를 장식하며 후손들에게 모범이 되어야 할 나라가 어디인지, 이 법정에서 확실히 가려 주시기를 바랍니다.

김딴지 변호사 옆에 있던 원고 아르키다모스는 그동안 아테네의 그늘에 가렸던 스파르타의 지난날이 떠오르는지 손수건에 얼굴을 묻었다. 놀란 방청객들이 술렁였다.

"어머, 저 사람 우나 봐. 혹독하기로 유명한 스파르타 식 훈련도 별거 아니군. 사나이가 눈물을 흘리다니!"

"그만큼 맺힌 게 많아서 그렇겠지. 일단 지켜보자고."

판사　모두 조용히 하세요. 이번엔 피고 측 변호인이 발언하세요.

이대로 변호사　원고 측이 소송을 낸 이유를 잘 들었습니다. 비극적인 드라마의 주인공이라도 된 듯 아주 연기를 잘하더군요.

김딴지 변호사　연기라니요? 저는 스파르타 국민의 심정을 대신해서 말한 것뿐입니다.

이대로 변호사　판사님, 그리고 배심원 여러분! 두말할 것도 없이 펠로폰네소스 전쟁은 스파르타가 연합군과 함께 아테네를 침입했기 때문에 일어난 것입니다. 그리고 끝을 알 수 없는 이 전쟁으로 인해 수많은 그리스 인이 피를 흘리며 죽었습니다. 무려 28년 동안이나 말입니다. 게다가 스파르타는 그리스의 적이었던 페르시아의 도움을 받아 전쟁에서 승리했지요. 스파르타가 전쟁에서 이기자 그동안 자유를 누리던 그리스 사람들은 더 이상 평화로운 삶을 누릴 수 없었고, 결국 마케도니아 왕국에 의해 정복되고 말았습니다.

판사　양측 변호인의 말을 잘 들었습니다. 그러니까 아테네와 스파르타는 비록 따로 떨어져 있긴 했지만 한 민족이란 말이죠? 그렇다면 아테네와 스파르타가 속해 있던 그리스는 어떤 나라였습니까?

이대로 변호사 ▶서쪽으로는 발칸 반도, 동쪽으로는 아나톨리아 해안을 비스듬히 낀 광활한 영토를 가진 나라였지요. 그 당시 아테네는 남부 지방의 아티카에서 번영을 누리고 있었고, 스파르타는 펠로폰네소스 반도에 자리하고 있었습니다. 판사님, 이쯤에서 누구보다 그리스를 한눈에 꿰뚫고 있는 역사가 크세노폰 씨를 모시고 증언을 듣고자 합니다.

판사 좋습니다. 증인은 자기소개부터 해 주시죠.

크세노폰 나는 아테네와 스파르타 사이에 전쟁이 벌어질 즈음 아테네에서 태어났다오. 나는 아테네 사람이었지만 스파르타의 왕과 친하게 지냈소. 그래서 결국 조국을 배반했다는 이유로 아테네에서 추방당했지요. 그때 스파르타 왕이 편의를 봐주어 올림피아 근처의 스킬루스에서 역사서를 쓰는 데 전념했소이다.

이대로 변호사 증인은 아테네와 스파르타 양국에서 다 살아 봤으니 누구보다 그리스에 대해 잘 알겠군요.

크세노폰 그렇소. 그리스는 동쪽의 지중해를 둘러싼 수많은 섬으로 이뤄진 나라요. 곳곳에 산들이 우뚝 서 있었기 때문에 각 나라들은 독립심이 아주 강했지요. ▶▶우리는 도시국가를 '폴리스(polis)'라고 불렀는데 지금의 '정치(politics)'라는 말이 여기서 유래했지요.

이대로 변호사 그리스 사람들은 어떻게 생활했나요?

크세노폰 그리스 사람들은 대체로 모험심이 넘치는 항

교과서에는

▶ 그리스 반도는 그리스 문명의 발상지로 산지가 많고 해안선의 굴곡이 심합니다. 반도의 중앙에 핀도스 산맥이 있으며, 서남쪽에 위치한 펠로폰네소스 반도 또한 산악 지대로 이루어져 있습니다. 지중해 지역은 아프리카, 아시아, 유럽 대륙으로 둘러싸여 있으며 기후는 대체로 온난합니다.

▶▶ 폴리스는 기원전 8세기경부터 등장했습니다. 정치·경제·사회의 기본적인 단위인 폴리스는 농사를 지을 수 있고 적으로부터 자신을 방어할 수 있는 지역에 발달했습니다.

해자들이었소. 그들은 무역을 하기 위해 에게 해 연안에서 흑해 연안까지 오갔고 식민지도 많이 만들었지요. 그리스 사람들은 대부분 바다와 강, 호수 근처에 살아서 물고기와 조개를 많이 먹었지요. 그리스 식 해산물 스파게티는 다들 한 번쯤 먹어 봤겠죠? 한번 그 맛을 보면 누구도 쉽게 잊을 수 없을 거요.

크세노폰의 증언에 방청객들은 신선한 해산물과 채소가 어우러진 지중해 음식을 떠올리며 침을 꼴깍꼴깍 삼켰다.

크세노폰 예부터 그리스 사람들은 신과 영웅에 관한 신화와 전설을 소중히 여겨 태풍이 오면 바다의 신인 포세이돈에게 배가 난파당하지 않게 해 달라고 빌었소. 그리고 그리스 본토는 험한 산맥이 가로지르고 날씨가 덥고 건조해 기를 수 있는 동물과 곡식이 그리 많지 않았소. 그래도 올리브와 와인을 만들 수 있는 포도는 아주 잘 자랐소. 그리고 벌도 많았지. 그래서 그리스 인들은 올리브에서 기름을 짜내고 벌에서는 꿀과 밀랍을 얻었어요.

이대로 변호사 아주 아름다운 곳이었겠군요.

크세노폰 어디 그뿐이겠소. 그리스 사람들은 인간의 역사에도 관심이 많았고, 돈보다는 명예와 영광을 더 높이 평가했어요. 그래서 ▶전쟁터에서 용감히 싸운 장군들뿐 아니라 나의 자랑스러운 스승인 철학자 소크라테스, 시인 소포클레스와 사포, 수학자 아르키메데스 등 명성이 높은

교과서에는

▶ 그리스에서는 신전 건축과 신전을 장식하는 조각이 매우 발달했습니다. 특히 아테네의 파르테논 신전과 아테나 여신상이 유명하지요. 이 작품들은 조화와 균형의 아름다움을 잘 보여 줍니다.

스파르타와 동맹 도시
아테네와 동맹 도시
중립 지역
돈보다
명예지!
툭!
아르키메데스
유레카!
소크라테스
에게 해
오늘따라 고기가
많이 잡히네.
첨벙
맛있겠다!
아테네
지중해
스파르타

이들을 기리기 위해 곳곳에 조각상도 세웠소.

김딴지 변호사 흥, 그렇게 자랑스럽다면서 왜 아테네 인들은 소크라테스를 처형했대요?

이대로 변호사 판사님, 원고측 변호인은 오늘의 주제와 관련 없는 이야기를 하며 배심원과 방청객에게 아테네에 대한 부정적인 인식을 심어 주려고 합니다. 제재해 주시기 바랍니다.

판사 흠, 그러지요. 원고 측 변호인은 진행을 방해하는 이야기는 하지 마세요. 그런데 증인, 그리스 인들은 언제부터 그 땅에 살기 시작했나요?

크세노폰 기원전 800년 즈음에 정착해 주로 보리 농사를 지었습니다. 뭐, 맛이야 밀이 더 낫겠지만 밀을 재배할 만큼 땅이 비옥하지 않았거든요. 사람들은 '세계 4대 문명' 하면 인더스, 메소포타미아, 이집트, 황허 문명만을 생각하는데 우리 그리스 문명도 참 오래되었어요.

이대로 변호사 그리스 문명에 대해서 좀 더 설명해 주시지요.

크세노폰 ▸기원전 2000년쯤부터 크레타 섬에는 미노아 문명이 꽃피기 시작했는데, 미노아 문명은 최초의 그리스 문명이자 유럽 문명이었소. 그런데 기원전 1450년경에 미케네 사람들이 크레타 섬을 침공하면서 이 문명은 몰락했지요. 그 후 기원전 500년경부터 고대 그리스의 황금시대

소포클레스
고대 그리스의 3대 비극 시인 가운데 한 명으로 정치가로도 탁월한 능력을 발휘했습니다. 대표작으로 『아이아스』, 『안티고네』 등이 있습니다.

사포
고대 그리스의 여성 시인입니다. 소녀들을 모아 음악과 시를 가르쳤으며, 문학을 애호하는 여성들과 교류하며 간결하고 정확한 표현으로 개인적인 정서를 노래한 수많은 시를 썼습니다.

아르키메데스
고대 그리스의 수학자이자 물리학자로 구에 외접하는 원기둥의 부피에 대한 정리로 유명합니다.

교과서에는

▸ 미노아 문명은 크레타 문명이라고도 부릅니다. 기원전 2000년경에 에게 해의 크레타 섬에서 발생했으며, 자유롭고 생동감 있는 문화를 발전시켰지요. 그리스 본토에는 미케네 문명이 발달했습니다. 미케네 사람들은 성벽을 쌓고 크레타를 정복하는 등 무예를 중시했습니다. 이들 미노아 문명과 미케네 문명을 합쳐 에게 문명이라고 합니다.

가 열렸소.

이대로 변호사 그리스의 황금시대라고요? 무슨 뜻인가요?

크세노폰 여러분이 오늘날 외쳐 대는 민주주의가 바로 이때 우리 그리스에서 태어난 것입니다. 어디 그뿐이오? 수학, 의학, 철학, 종교까지 고대 그리스를 거치지 않고 선해진 게 거의 없다오.

이대로 변호사 증인의 증언에 딴죽을 거는 건 아니지만…… 얼마 전 이집트 쿠푸 왕이 재판에서 이집트에는 쐐기 문자라는 게 있었다고 하더군요. 그런데 그리스에는 문자가 없지 않았습니까?

크세노폰 어허, 이대로 변호사는 하나만 알고 둘은 모르는군요. 기원전 2000년경 크레타 섬에서 미노아 문명이 한창일 때 우리도 선 문자 A라는 것을 사용했어요. 불행히도 아직 우리 후손들이 그 글을 판독하지 못해 애석할 따름이지요. 여러분은 혹시 전화라는 뜻의 영어 단어인 '텔레폰(telephone)'이 어디서 온 건지 압니까? 고대 그리스 어로 '멀다'를 뜻하는 '텔레(tele)'와 '소리'를 뜻하는 '포노스(phonos)'가 합쳐진 것이오. 이처럼 그리스 민족이 물려준 유산은 곳곳에 많소이다.

쐐기 문자
기원전 3000년경부터 이후 약 3000년간 메소포타미아를 중심으로 한 고대 오리엔트에서 쓰인 문자를 말합니다. 점토 위에 갈대나 금속으로 글씨를 새긴 것으로 문자의 선이 쐐기 모양으로 보인다고 해서 쐐기 문자라고 불립니다. 설형 문자라고도 하지요.

선 문자 A
아직 해독되지 않은 문자입니다. 선 문자는 그리스에서 가장 오래된 문자인 크레타 문자 가운데 하나이지요. 선 형태라고 해서 선 문자라고 합니다. 선 문자에는 A와 B의 두 종류가 있는데, 선 문자 B는 1952년에 영국의 벤트리스가 해독하였지만, 선 문자 A는 아직 해독되지 않았습니다.

열려라, 지식 창고

그리스의 폴리스

그리스 인들은 자신이 속한 폴리스에서 생활했습니다. 그리스 본토에는 약 200여 개의 폴리스가 있었다고 전해지지요. 폴리스의 중심부에는 아크로폴리스라는 언덕과 아고라라는 광장이 있었습니다. 그리스 시민들은 아크로폴리스에 신전을 지어 신을 모셨고, 위험한 일이 발생하면 이곳으로 피난했지요. 시민들은 민회에 참석했고, 아고라에서 자유롭게 여가를 즐기거나 물건을 사고팔았습니다. 메소포타미아 지역의 도시국가들은 성벽을 쌓아 주변 도시국가와 별로 교류하지 않았지요. 하지만 그리스의 폴리스에는 성벽이 없었습니다. 폴리스들끼리 정치적으로 통일을 이루지는 않았지만, 같은 종교와 언어를 가진 그리스 인이라고 생각했기 때문에 동족 의식이 강했지요. 그래서 그리스 인들은 스스로를 '헬라스'라고 부르며 다른 민족과 구별했습니다.

2 아테네와 스파르타는 어떤 나라일까?

판사 잘 들었습니다. 지금까지 그리스에 대해 알아보았습니다. 그러면 오늘 재판의 원고인 아르키다모스가 다스렸던 스파르타는 어떤 나라였는지도 궁금한데요, 이에 대해 원고 측 변호인이 질문하세요.

김딴지 변호사 네, 판사님. 증인은 「라케다이몬의 정치 제도」라는 글에서 "스파르타의 교육은 존경할 만하며, 그 목적은 자제할 줄 아는 남자를 만드는 것이다. 이런 면에서는 스파르타 인이 다른 그리스 인을 능가한다"라고 썼더군요. 증인은 스파르타에 관해 누구보다 잘 아시리라고 생각됩니다. 스파르타에 대해 설명해 주시지요.

크세노폰 스파르타는 라코니아 지방의 비옥한 영토의 중심부에 있던 도시국가요. 아테네와 달리 이렇다 할 상징적인 건물도 없고

라케다이몬
스파르타를 '라케다이몬'이라 부르기도 했답니다.

화려한 문화를 꽃피우지도 못했지요. 하지만 차츰 그 체계를 갖추어 민주정과 군주정을 결합한 과두정을 형성했고 강력한 군사 국가를 만들었어요.

김딴지 변호사 군사 국가였다면 힘이 아주 강했겠군요?

크세노폰 그렇소. 스파르타가 힘이 한창 강했을 때는 아테네에 맞설 수 있었지요. 그리스를 크게 스파르타와 아테네로 나눌 수 있을 정도였소. 스파르타는 펠로폰네소스라고 하는 그리스의 남부 지방을 대부분 지배했지요.

"군사 국가라고? 스파르타에서는 남자아이가 일곱 살이 되면 한겨울에 맨발로 밖에 내몰려 매질을 당했다던데 그 말이 사실인가 봐."

"어디 무서워서 살 수 있었겠어?"

방청객이 수런거리는 소리를 듣고 김딴지 변호사가 말했다.

김딴지 변호사 판사님, 군사 국가라는 말에 방청석이 소란스러운 것을 보니 이에 대한 설명이 필요할 것 같네요. 원고 아르키다모스 왕을 불러 직접 들어 보겠습니다.

원고석에서 눈을 지그시 감고 있던 아르키다모스가 깊은 숨을 들이쉬며 자리에서 일어났다.

아르키다모스 흠. "나는 외눈박이 거인 키클롭스처럼 거대하고 강

인한 남자, 북풍보다 더 빠른 남자, 티토노스보다 잘생긴 남자, 펠롭스보다 더 왕다운 남자…… 나는 이 세상의 모든 영광을 가진 남자를 최고의 남자라고 생각하지 않는다. 질풍처럼 내달리는 전사의 강인한 힘을 갖추지 않았다면, 그런 능력은 모두 소용없는 것이다."

김딴지 변호사 정말 멋지십니다. 직접 지으신 건가요? 젊은 시절에 꽤 인기 있었겠어요!

이대로 변호사 판사님, 이의 있습니다! 원고는 느닷없이 시를 읊지를 않나, 김딴지 변호사는 그에 맞장구를 치지 않나……. 지금 신성한 법정에서 다들 뭐하는 겁니까?

판사 인정합니다. 원고, 뚱딴지처럼 갑자기 웬 시를 읊나요?

아르키다모스 기원전 7세기의 시인인 티르타이오스가 우리 스파르타 군인들의 용감한 모습을 노래한 것이라오. 이 시를 한 번도 들어 본 적이 없다니…… 애석하군요. 김딴지 변호사, 우리가 왜 이런 군인들을 기리는 시를 읊었는지 아시오?

김딴지 변호사 글쎄요…… 설명해 주시지요.

아르키다모스 스파르타에는 일반 시민 외에 헬롯이라는 노예 계급이 있었어요. 헬롯들은 농사를 지어 시민에게 바쳤는데, 그 수가 시민에 비해 무려 아홉 배나 많았지요. 그래서 나와 일반 시민들은 헬롯들이 반역을 꾀할까 봐 긴장을 늦출 수 없었소.

김딴지 변호사 그래서 스파르타 인들이 강력한 군사 훈련을 할 수밖에 없었다는 뜻인가요?

아르키다모스 그렇지요. 헬롯들은 반란을 일으키려고 호시탐탐 기회를 엿보았소. 그래서 스파르타 인들은 아주 어린 시절부터 훌륭한 전사로 성장하기 위한 훈련을 받았던 것이오.

김딴지 변호사 주로 어떤 훈련을 받았나요?

아르키다모스 남자아이들은 일곱 살이 될 때까지만 자기 집에서 살 수 있었소. 그때가 지나면 공동체 막사에 들어가서 30세가 될 때까지 함께 생활했지요. 그들은 운동으로 체력을 단련하고, 무기를 이용한 훈련을 하며 지냈소이다. 젊은이들에게 전투 중인 군인의 힘든 생활을 미리 연습시키는 것이었기 때문에 훈련은 엄격할 수밖에 없었소.

김딴지 변호사 그렇군요. 그럼 증인석에 앉아 있는 크세노폰 씨에게 질문하지요. 크세노폰 씨가 본 스파르타 사회의 모습은 어땠습니까?

크세노폰 아르키다모스 왕이 말한 대로 엄격한 훈련을 받은 스파르타의 군인들은 사기 마음대로 말하는 것조차 허용되지 않았지요. '말수가 적은'이라는 뜻의 '라코닉(laconic)'이라는 영어 단어가 있지요? 이것은 스파르타 인을 가리키는 '라코니언(laconian)'이라는 그리스 어에서 유래한 것이오. 얼마나 사회 분위기가 엄격했으면 스파르타 인을 가리키는 말에 말수가 적다는 뜻이 포함됐겠습니까?

이대로 변호사 전하는 말에 의하면 사내아이들에게 일부러 밥을 적게 주어 남의 음식을 훔쳐 먹게 했다는데, 그것도 사실인가요? 도둑질까지 일부러 가르치고…… 이건 너무 가혹한 것 같은데요.

크세노폰 그것은 군인에게 필요한 대담함과 순발력을 기르게 하기 위한 훈련 방법이었소. 대신 도둑질을 하다 잡히면 즉시 벌을 받았지요. 스파르타에서 예부터 전설처럼 전해 오는 이야기가 하나 있소. 잘 들어 보시오. 한 소년이 배가 고픈 나머지 여우를 훔쳤소. 그러다 도둑질한 것을 의심받았지. 소년은 자신이 훔쳤다는 것을 들키지 않기 위해 살아 있는 여우를 옷 안에 감췄고, 그동안 여우가 소년의 내장을 다 파먹었소. 결국 소년은 끝까지 도둑질한 사실을 숨기려다가 그만 죽고 만 거요. 어떻소? 이 이야기를 통해 스파르타의 소년들이 스파르타의 규율을 얼마나 두려워했는지 알 수 있을 거요.

김딴지 변호사 '될성부른 전사는 소년 시절부터 알아본다'더니……, 스파르타의 전사들은 어린 시절부터 참 대단했군요.

이대로 변호사 ‘될성부른 나무는 떡잎부터 알아본다’가 아닙니까? 아이고, 잘도 갖다 붙이네요.

크세노폰 그뿐이 아니오. 나이가 좀 있는 소년들은 비밀 경찰 조직인 ‘크립테이아(crypteia)’에 속해야 했소. 그들은 황무지에 파견되어 반란을 일으킬 우려가 있는 헬롯을 제거하는 임무를 맡았지요. 소년들은 이런 훈련을 거치면서 명령에 절대복종하는 군인이 되어 갔소.

크세노폰의 설명을 듣던 아르키다모스가 조용히 손을 들어 변론의 기회를 얻었다. 그는 헛기침을 하며 뜸을 들이다 말했다.

아르키다모스 으흠. “남자가 전사들의 맨 앞장에 서서…….”

이대로 변호사 아이고, 왜 이렇게 뜸을 들이나 했더니만 또 시를 읊으려던 거군!

아르키다모스 “조금도 위축되지 않고 자신의 진지를 굳건히 지키는 것. 이것이야말로 폴리스와 대중을 위해 가장 값진 행동임을 그대는 알지어다!” 흠흠, 시인 티르타이오스는 스파르타 남자의 이상을 이렇게 노래했지. 허허.

김딴지 변호사 과연 그렇군요. 하핫. 크세노폰 씨, 이렇게 강인한 전사가 되기 위해 스파르타의 남자들은 성인이 되어서도 혹독한 훈련을 받았겠죠?

크세노폰 그렇소. ▶성인인 남성 시민은 거의 평생 중장 보병 훈련을 받았소. 이들은 군인 외에 다른 직업을 가질 수 없었소. 따라서 농사는 헬롯들의 몫이었지요. 그리고 남성들은 성인이 되면 공동 식사 집단의 일원이 되었소. 구성원들은 훈련과 식사를 같이 했을 뿐만 아니라 전장에서도 함께 싸웠지요. 스파르타는 시민의 수가 많지 않았소. 인구가 가장 많았을 때도 남성 시민의 수는 1만 명이 채 되지 않았지. 펠로폰네소스 전쟁이 시작될 무렵에 전쟁에 나갈 수 있었던 사람이 그중 절반을 조금 넘는 수준이었으니, 훈련은 더욱 혹독해질 수밖에 없었소.

김딴지 변호사 스파르타에서는 여성들도 고된 훈련을 받았다던데요?

크세노폰 물론이오. ▶▶스파르타의 여성들은 아이를 훌륭한 전사로 키우기 위해 스스로 육체를 단련했고, 위험이 닥치면 남자들과 함께 싸웠소. 또 스파르타가 한창 전성기일 때, 여성들은 보석을 두르거나 화장품이나 향수를 쓸 수도 없었어요. 하지만 아테네 여성이 항상 몸을 가리는 두꺼운 옷을 입어야 했던 것과 달리, 스파르타의 여성은 짧은 옷을 입고 마음껏 집 밖을 나다닐 수 있었지요.

김딴지 변호사 스파르타의 시민들은 남녀를 떠나 국가에 봉사하는 것을 최우선으로 생각했던 거군요.

아르키다모스 그렇소. 아테네가 민주정이니 문화니 하며 떠들 때 우리는 엄격한 교육과 불굴의 용기, 국가에 대한

교과서에는

▶ 스파르타에서는 소수의 지배자가 다수의 토착 민족을 지배했습니다. 그래서 강력한 군사 통치 체제가 필요했지요. 그 결과 스파르타의 시민들은 철저하게 통제된 집단생활을 했으며, 일생의 대부분을 군대에서 보냈습니다. 개인은 국가를 위해 희생될 수밖에 없었지요.

▶▶ 스파르타에서는 어린 소녀들도 달리기를 하는 등 체력을 키우기 위해 노력했습니다.

헌신으로 이름을 떨쳤지.

"저 사람 울보인 줄만 알았는데, 의외야……."

아르키다모스가 위엄 있는 목소리로 한마디 거들자, 재판을 지켜보던 한 방청객이 깜짝 놀란 듯 말했다.

김딴지 변호사 1952년에 학자 험프리 미첼은 『스파르타』라는 책에서, "수다스러운 아테네 인과 비교하면 스파르타 인은 강인하고 과묵하며 지성적이다"라고 했습니다. 스파르타가 결코 아테네에 뒤지지 않는 나라라는 것을 말해 주는 증거가 아니겠습니까?

크세노폰 맞소. 스파르타의 시민들은 강한 연대 의식을 가졌고, 국가에 대한 자부심도 컸지요.

김딴지 변호사 그렇습니다. 존경하는 판사님, 오늘날 우리 후손들은 스파르타를 지나치게 낮게 평가하고 있습니다. 아테네가 민주정을 시작했고 예술의 경지를 드높였다면, 스파르타는 또 다른 면에서 우리에게 모범이 되었습니다.

이대로 변호사 투철한 애국심과 용맹한 정신이라…… 잘 알겠습니다. 하지만 하루에 한 끼밖에 못 먹고 힘든 훈련만 반복하던 스파르타 인들이 과연 행복했을까요? 아테네 인들은 매년 7월이면 신전에서 '판아테나이아'라는 성대한 축제를 열어 즐거운 시간을 보냈는데요. 과연 스파르타 인들은 무엇에서 행복을 찾았을까요?

김딴지 변호사 스파르타 인을 전쟁만 일삼는 야만인으로 보지 마세요. 그들에게도 나름의 축제와 문화가 있었습니다. 그렇지 않나요, 원고?

아르키다모스 우리 스파르타에도 여러 축제가 있었소. 그중에서도 '김노파이디아이'와 '카르네이아'라는 축제가 유명했지. 김노파이디아이 축제는 기원전 6세기 중엽에 일어났던 아르고스와의 티레아 전투에서 전사한 군사들을 추모하기 위해 벌였소. 이 축제에서 스파르타의 청년과 노인들은 조를 짜서 돌아가며 노래했지. 그리고 '아나팔레'라고 불리는 일종의 레슬링 춤도 아주 인기를 끌었소.

방청객들은 전쟁만 일삼았을 것 같던 스파르타에도 축제가 있었고 그들만의 고유한 춤이 있었다는 말에 의아한 표정을 지었다.

판사 스파르타 인들도 춤을 췄다는 말입니까? 허허, 왠지 상상이 안 되네요. 이와 관련해 좀 더 증언해 주겠습니까?

크세노폰 그러지요. 스파르타의 춤은 레슬링 동작과 격투기의 일종인 판크라티온의 움직임을 본떠 만든 것이었소. 소년들은 음악에 따라 우아한 손놀림으로 박자를 맞추었고, 열을 지어 노래도 불렀소이다. 차례로 빙글빙글 돌면서 아프로디테와 에로스 신이 강림해 자신들에게 용기를 북돋워 주기를 기원했지요.

크세노폰의 증언에 김딴지 변호사는 팔을 꼬며 춤을 추는 흉내를 냈다.

이대로 변호사 거참, 시를 읊지 않나 춤을 추지 않나……. 김딴지 변호사, 우리 제발 진지하게 합시다!

3

과두정과 민주정은 어떻게 다를까?

판사 스파르타와 아테네는 둘 다 그리스의 도시국가였으면서도 서로 다른 점이 많았군요. 그런데 아테네는 민주정을, 스파르타는 과두정을 표방했다고 들었습니다. 이 점이 전쟁이 일어나는 데 큰 역할을 했을 것 같은데요, 누가 설명하겠습니까?

이대로 변호사 네. ▶스파르타가 과두정을 채택할 때 아테네는 자랑스럽게도 민주정을 채택했지요. 민주정이 무엇인지는 아테네에 민주정을 꽃피운 피고 페리클레스 장군이 직접 말하겠습니다.

교과서에는

▶ 폴리스는 대체로 왕정으로 출발해서 과두정이나 독재정을 거쳐, 기원전 500년경 이후에는 민주정으로 발전했습니다. 그러나 그 이후에도 여전히 많은 폴리스가 왕정이나 과두정을 계속 유지했지요.

정치가이자 군인이었고 생전에 아테네 시민들로부터 '지상의 제우스'라고 불리던 페리클레스가 자리에서 일어서자 장내가 조용해졌다.

"와! 멋있다. 사진에서 본 그대로네. 모자를 쓴 모습이 어쩜 저렇게 멋있을까?"

"조각상같이 섬세하면서도 늠름하게 잘생겼네! 얼굴만으로도 아테네 인들에게 존경받을 만하군!"

페리클레스는 방청석의 소란스러움에는 관심도 없다는 듯이 고개를 빳빳이 들고 말했다.

페리클레스 스파르타의 아르키다모스 왕을 법정에서 다시 만나니 기분이 묘하군요. 에헴, 나는 아테네의 장군이었던 페리클레스요.

김딴지 변호사 거, 폼 잡지 말고 빨리 합시다.

이대로 변호사 저런 무례한 발언은 신경 쓰지 않아도 됩니다. 그럼 먼저 아테네의 정치 형태에 대해 설명해 주시지요.

페리클레스 여러분도 다 알겠지만 우리 아테네는 민주정을 시행했다오. 일정 자격을 갖춘 남자 시민에게 통치에 참여하는 기회를 주었던 거지요. 당시 근방에 있던 몇몇 국가들도 왕에게 영향을 미치는 민회를 두긴 했지만, 아테네의 민주정은 다른 나라와는 차원이 달랐소이다. 아테네 인들은 그리스에서 가장 유명한 민주정을 확립했고, 그리하여 시민 개인의 자유는 고대 사회에서 유례를 찾기 어려울 정도로 높아졌소.

김딴지 변호사 아테네가 자유를 중히 여겼다는 말씀이군요. 다만 남자 시민에 한해서 말입니다. 그렇지요?

페리클레스 그렇긴 하오. 중대한 사안에 대한 결정은 민회에서 이루어졌고, 성인 남자 시민들만이 민회에 참석할 수 있었소. ▶여자나 노예, 성인 남자라 할지라도 부모가 아테네에서 태어나지 않은 경우 모두 제외되었소.

김딴지 변호사 그것이 민주정이란 말입니까? 민주주의의 기본 정신은 '만인의 평등과 자유'가 아니던가요? 그러고도 아테네를 '민주주의의 학교'라고 불러도 되는 건가요?

이대로 변호사 이의 있습니다. 판사님, 지금 김딴지 변호사는 아테네를 깎아내리려고 억지를 부리고 있습니다. 당시 차별이 존재하지 않던 나라가 어디 있습니까? 그렇게 말하는 스파르타는 10퍼센트도 안 되는 시민이 전체 인구의 90퍼센트를 차지하던 헬롯을 노예로 부리지 않았나요?

판사 흠, 지금은 아테네의 민주정이 과연 어떤 모습이었는지 알아보는 시간이므로, 스파르타에 노예제가 있었다는 것을 근거로 한 이의는 받아들이지 않겠습니다. 피고는 계속하세요.

페리클레스 알겠소. 아테네의 민회는 정기적으로 소집되어 위원회가 회의에 부친 중요한 사안에 대해 논의했지요. 법률을 만들고, 세금을 얼마나 부과할지 결정하거나 도편 추방, 외교 업무 등을 시민들이 자유롭게 토론해 결정했소. 그중에서도 가장 중요한 역할을 한 것은 500인 평의회인데 이들은 30세 이상의 시민들 가운데 제비뽑기로 선출되었소. 500인 평의회와 위원회의 구성원은 1년마다

교과서에는

▶ 아테네 여성들은 정치 참여의 기회가 없었습니다. 민주주의를 강조한 페리클레스도 여성의 역할은 가사를 돌보는 것이며 남성의 입에 오르내리지 말아야 한다고 말했지요. 이렇듯 시민의 자격에 차등을 두었다는 점이 아테네 민주정의 한계로 지적되고 있습니다.

교체되었지요. 아테네의 일상적인 행정 업무는 행정관이 맡았는데, 이 행정관도 500인 평의회에서 열 명의 위원을 선출해 1년 동안 행정관을 맡게 했어요. 아테네는 이러한 제도에 따라 더 많은 시민이 정치에 참여할 수 있었소.

이대로 변호사 아하, 그렇군요. 제가 알기로는 아테네에서 재판을 할 때도 지금의 배심원과 같은 사람들이 있었다던데요.

페리클레스 그렇소. 매년 초에 추첨을 통해 각 부족에서 600명씩 선출했어요. 6000명 정도의 배심원단을 구성해 재판의 결과를 다수결로 정했소.

김딴지 변호사 잠깐, 잠깐만요. 그래요, 이론적으로는 아테네 시민이면 누구나 민회에서 자신의 의견을 말할 수 있었지요. 하지만 그 실체가 어땠는지 궁금한데요. 뭐 저는 대충 그 실상을 알고 있긴 합니다만…… 판사님, 이에 대해 원고가 할 말이 좀 있다고 하는데요. 기회를 주시겠습니까?

판사는 역시나 딴죽을 걸며 끼어든 김딴지 변호사가 얄미웠지만 고개를 끄덕여 허락했다. 그러자 아르키다모스가 벌떡 일어나 말했다.

아르키다모스 아테네의 민회에 많은 시민이 참여해 그들의 정치적인 의견을 반영했다고요? 웃기는 소리요. 실상은 몇몇 개인이 발언을 주도했소. 이런 사람들은 보통 귀족 집안 출신의 부유한 재산가로서 훌륭한 교육을 받은 정치인들이었어요. 명망 있는 다른 집안과

연결되어 있거나 내세울 만한 군 경력을 가진 아주 소수의 사람들이었지요. 페르시아 전쟁 때 아테네를 승리로 이끈 키몬 장군이 그랬고, 기원전 5세기 중반에 가장 영향력이 있는 정치인이었던 크산티포스의 아들도 그랬소. 크산티포스의 아들이 바로 페리클레스, 저자요.

이대로 변호사 그런 면이 있었다는 것을 부정하진 않겠습니다. 그래서 아테네는 빈부 차이에서 비롯된 귀족과 평민 간의 갈등을 해결하기 위해 정치가이자 현인인 솔론을 등용했습니다. 판사님, 이왕 말이 나온 김에 솔론을 증인으로 불러 주십시오.

판사 그러지요. 증인은 나와서 증인 선서를 하세요.

그리스의 일곱 현인
고대 그리스에서는 여러 가지 업적을 세운 탁월한 사람을 일곱 명 골라 정신적인 지주로 삼았습니다. 일곱 명을 꼽은 이유는 '7'을 행운의 숫자로 여겼기 때문이지요. 그리스의 일곱 현인으로는 솔론 외에도 탈레스, 비아스, 피타코스, 클레오브로스, 킬론, 페리안드로스가 있답니다.

솔론은 천천히 뒷짐을 지고 증인석으로 걸어 나와 증인 선서를 했다. 솔론이 자리에 앉자 이대로 변호사가 말했다.

이대로 변호사 증인은 먼저 간략히 자기소개를 해 주세요.

솔론 나는 그리스의 일곱 현인 중 한 사람인 솔론이오. 기원전 594년에 최고 집행관이자 군사령관, 재판관 등의 권력을 지닌 아르콘에 임명되어 이른바 '솔론의 개혁'을 일으켰지요.

이대로 변호사 '솔론의 개혁'이란 어떤 것이었나요?

솔론 아테네에서도 정치적 영향력을 발휘할 수 있는 사람은 태어날 때부터 결정되어 있었지요. 그래서 나는 아테네 시민을 재산에 따라 넷으로 나눠, 상위 두 계층은 아르콘이 될 수 있게 했고, 세 번

400인 회의
일반 시민의 정치 참여 기회를 확대하기 위해 만들어진 회의입니다. 후에 클레이스테네스는 귀족 지배 기반을 허물기 위해 행정 구역을 개편하여 이를 '500인 평의회'로 확대시켰답니다.

째 계층까지는 400인 회의에 참여할 수 있게 했습니다. 그리고 400인 회의가 아닌 일반 민회에는 모든 시민이 자유롭게 동참할 수 있도록 했지요. 또한 가난한 계층을 위해 빚을 탕감해 주거나 채무 노예를 해방시켜 주었습니다.

판사 　증언하는 도중에 미안합니다만, 나도 예전부터 증인에게 묻고 싶었던 게 있는데요.

언제나 명쾌한 판결을 내리기로 소문난 명판결 판사. 똑똑하고 지혜롭기로 유명한 그가 솔론에게 궁금한 점이 있었다고 말하자, 법정 안의 사람들은 모두 눈을 동그랗게 뜨고 그의 다음 말을 기다렸다.

판사 　재판에서 오늘날과 같은 배심원 제도를 만든 것이 증인이라고 들었어요. 그게 사실인가요?

솔론 　그렇다고 할 수 있지요. 나는 매년 6000명의 시민 명단을 작성하고 그중에서 501명 정도를 추첨해 특별한 사건의 판결을 맡겼어요. 물론 이 방법이 모든 사람에게 만족을 주지는 못했겠지만, 국가의 분열과 최악의 결과를 막는 데는 효과적이었다고 생각하오.

이대로 변호사 　후대 사람들은 증인을 민주정의 초석을 다진 사람이라고 기립니다. 또한 증인의 개혁 이후에 페이시스트라토스는 상공업을 장려하여 아테네의 번영을 위해 애썼지요. 또한 클레이스테네스 장군은 아테네의 민주정을 한층 발전시켰습니다. 판사님은 혹시 도편 추방제라고 들어 보셨나요?

판사　물론이지요. 1년에 한 번 민회에서 도편 추방제를 시행할 필요가 있는지를 묻고, 필요가 있으면 질그릇 조각에다 국가에 위협이 된다고 생각하는 사람의 이름을 썼다고 알고 있어요.

이대로 변호사　그렇습니다. 이름이 가장 많이 적힌 사람은 10년 동안 추방되었지요. 바로 클레이스테네스 장군이 만든 제도로, 이런 분들 덕택에 그리스의 민주정은 널리 이름을 남긴 것입니다.

도편 추방제
기원전 6세기 말에 클레이스테네스가 제정한 제도입니다. 도자기 조각에 독재자가 될 가능성이 있는 사람의 이름을 써서 많은 표를 얻은 사람을 10년 동안 폴리스 밖으로 추방하는 제도로, 민주 정치의 기틀을 마련했다는 평을 듣습니다.

판사　피고 측 증인의 증언을 잘 들었습니다. 그렇다면 원고 측 변호인, 스파르타에서의 과두정은 어떻게 운영되었나요?

김딴지 변호사　판사님께서 그 질문을 하실 줄 알았습니다. 하하. 이쯤에서 우리가 아껴 두었던 증인을 부르고자 합니다. 바로 스파르타의 전설이라고 불리는 정치가 리쿠르고스입니다.

판사가 고개를 끄덕이자 증인석에 있던 솔론이 내려가고 리쿠르고스가 증인 선서 후 자리에 앉았다.

리쿠르고스　나를 스파르타의 전설이라고 불러 줘서 고맙소. 사실 아테네에 솔론이 있었다면 우리 스파르타에는 바로 나, 리쿠르고스가 있었지요. 뭐, 내 자랑을 하려니 좀 쑥스럽구려.

과두란 원래 '소수에 의한 지배'를 뜻하오. 우리 스파르타에는 예외적으로 '2왕 제도'가 있었지만 그것은 복잡한 과두정의 한 종류일 뿐 군주제라고 볼 수는 없었소. 이처럼 스파르타에서는 소수의 제한된 남성들만이 정치권력을 행사하는 과두정을 실시했소이다.

판사　2왕 제도라고요? 스파르타에는 '원로회'라는 민회도 있었다던데, 맞습니까?

리쿠르고스　맞소이다. 당시 우리는 두 명의 왕에 의해 지배되는 2왕 군주정, 원로회를 통한 과두정, 시민들이 감독관을 선출하는 민주정이 다 포함된 이른바 '혼합 정체'를 이룩해, 이를 바탕으로 강력한 국가로 거듭났지요. 그리하여 기원전 6세기 즈음에 펠로폰네소스 반도의 5분의 2를 차지하는 강대국이 되었소. 그래서 우리 스파르타는 주변 국가들의 부러움을 샀지요.

김딴지 변호사 스파르타가 기원전 6세기를 찬란하게 시작할 수 있었던 건 증인이 도입했던 개혁 덕분이군요.

이대로 변호사 하지만 그것은 어디까지나 소수에 의한 과두정일 뿐이었습니다. 아테네가 이룩한 민주정과는 차원이 다르지요.

리쿠르고스 처음부터 우리는 아테네와 같은 민주정을 추구하지 않았소. 오늘날의 사람들은 그저 민주정만이 최고의 미덕이라 여기지요. 하지만 당시 그리스 지식인들은 민주정이 결함 많은 정치 체

입헌 군주제
헌법에서 정한 제한된 권력을 가진 군주가 나라를 다스리는 것을 말해요. 여기서 군주의 권한은 형식인 수준에 불과하고 실실석으로는 내각에 정치적 권한과 책임이 있지요.

제 중의 하나라고 생각했소. 소크라테스나 플라톤 같은 유명한 철학자들도 민주정의 단점을 지적하며 맹렬히 비난하지 않았소?

김딴지 변호사 맞습니다. 그리스는 식민지가 많아서 모든 피정복민을 민주적으로 동화시키는 데는 무리가 있죠. 절대적으로 시민의 합의가 필요한 민주적 절차는 오히려 불편할 수도 있었고요. 증인, '리쿠르고스의 개혁'에 대해 자세히 설명해 주세요.

리쿠르고스 나는 무엇보다 스파르타를 '스파르타답게' 만드는 데 혼신의 힘을 기울였소. 그래서 감독관 제도를 확고히 다졌지요. 매년 시민들은 다섯 명의 감독관을 선출했고, 그들에게 행정권을 모두 위임했소. 이후 감독관들은 국가의 크고 작은 일을 도맡아 했고, 왕의 권한을 대부분 넘겨받았지요.

김딴지 변호사 그렇다면 더 이상 왕들에게 실제적인 권력이 없었던 거군요.

리쿠르고스 그렇소. 왕들은 그저 스파르타 이외의 지역에서 전쟁을 지휘할 권리와 신과 인간 사이를 잇는 사제의 권리를 가졌을 뿐이고, 그나마도 감독관들의 견제를 받았소. 스파르타의 정치 제도를 오늘날과 비교한다면 근현대의 입헌 군주제와 아주 닮았어요. 그런데 안타깝게도 후대 사람들은 그저 아테네의 민주정만 높이 평가하더군요.

리쿠르고스의 개혁으로 만들어진 스파르타의 정치 체제가 오늘날의 입헌 군주제와 매우 흡사하다는 것은 다들 처음 들어 보는 이야기라 법정이 술렁였다. 입헌 군주제는 제2차 세계 대전 이후에 영국과 벨기에, 태국, 일본 등에서도 채택한 정치 체제이기 때문이다.

이대로 변호사 잠깐만요, 스파르타의 군주정이 입헌 군주제와 유사하다는 증인의 주장은 억지입니다. 현대의 입헌 군주제 국가들은 기본적으로 현대 민주주의 체제를 채택하고 있고, 전통적으로 내려온 왕권은 단지 외교적인 대표성이나 상징으로만 인정하기 때문이지요. 이 경우에 왕은 국민으로부터 존경받을 수는 있지만 실제 정치적 권한은 선거를 통해 뽑힌 의회가 가지고 있어요. 이러한 오늘날의 입헌 군주제는 왕의 절대적 권력을 타도하고 근대 국가를 형성한 17세기에 영국에서 처음으로 확립되었다고 할 수 있습니다.

판사 피고 측 변호인, 너무 흥분하지 말고 먼저 증인의 이야기를 들어 보지요. 증인은 계속하세요.

판사의 제지에 이대로 변호사는 얼굴을 붉혔다. 리쿠르고스는 턱수염을 만지며 헛기침을 했다.

리쿠르고스 에헴. 호메로스 시대 이래로 스파르타의 왕은 전쟁의 지도자이자 신과 인간 사이의 중재자였소. 전쟁에 나가기 전에 신탁을 묻거나 신의 분노를 진정시키는 일을 하며 사람들로부터 존경을 받았지요. 그러나 아르키다모스 왕이 집권한 시기에는 왕의 권력이 약해져서 전쟁터에서도 감독관의 감독을 받아야 했소.

김딴지 변호사 판사님, 지금 증인이 한 애기는 아주 중요합니다. 스파르타의 정치 제도 또한 아테네 못지않게 독자적으로 발달되어 있었다는 뜻이지요. 민주정의 잣대로 모든 것을 섣불리 판단해서는 안 됩니다.

리쿠르고스 바로 그거요. 그 외에 나는 스파르타 식 교육을 더욱 강화하고 토지를 개혁했소. 철제 화폐도 만들어 사용하도록 했지요.

김딴지 변호사 증인이 단행한 개혁이 훌륭했다는 점에는 이론의 여지가 없을 것입니다.

판사 그런데 증인의 죽음이 스파르타의 법 제도를 안정시키는 데 영향을 미쳤다고 들었는데요. 이 점, 원고 측 변호인이 설명해 주세요.

김딴지 변호사 그러겠습니다. 증인은 모든 법률과 제도를 정비한 후에 델포이 신전에 가서 신탁을 받아 오겠노라며 스파르타를 떠났습니다. 그때 스파르타 시민들은 증인이 돌아올 때까지 법을 고치지 않겠다고 서약했지요. 그는 델포이 신전에서 자신의 법이 스파르타에 큰 도움이 된다는 신탁을 받았습니다. 그래서 그곳에서 스스로 생을 마감했지요. 자신이 돌아가지 않으면 시민들이 제도를 고치지 않고 계속 유지하겠다고 한 애초의 서약이 지켜지게 될 테니까요. 덕분에 300년이 넘도록 증인이 만든 법과 제도가 이어졌습니다.

판사 자, 양측의 변론을 잘 들었습니다. 정리하자면, 그리스 국가들은 그 규모나 정치 체제 등은 달랐지만 시민권, 노예제 등의 기본적인 사회 전통은 비슷했습니다. 그러나 이후에 도시국가들이 공통된 특징을 점차 다르게 발달시키면서 서로 대립하게 되었지요. 그래서 결국 펠로폰네소스 전쟁이 일어났고요. 그럼 다음 공판에서는 본격적으로 어떻게 펠로폰네소스 전쟁이 진행되었는지에 대해 이야기해 보겠습니다. 이상으로 오늘 재판을 마칩니다.

땅, 땅, 땅!

열려라, 지식 창고

아테네의 민주 정치와 오늘날의 민주 정치

아테네 시민들은 정치에 참여해 자신들의 목소리를 냈습니다. 아테네 시민들은 국가의 중요한 일들을 광장(아고라)에 모여 회의를 한 후 결정했지요. 이렇게 시민들이 나라의 모든 일을 직접 결정하던 아테네의 민주정을 '직접 민주 정치'라고 부릅니다. 이러한 아테네의 민주정이 오늘날 민주주의의 시초였답니다.

하지만 아테네와 오늘날의 민주 정치 체제에는 차이가 있습니다. 아테네는 여자와 외국인, 노예를 시민에서 제외시켰던 것이지요. 따라서 아테네의 민주 정치를 '제한된 직접 민주 정치'라고 부릅니다.

그런데 오늘날 대부분의 국가들은 고대 아테네와 비교할 수 없을 정도로 영토가 넓고 인구도 많습니다. 사회가 너무 복잡해서 시민들이 한곳에 모여 모든 일을 결정하기가 어렵지요. 따라서 오늘날의 민주 정치 체제에서는 시민의 의사를 대변할 사람들을 선거로 뽑고, 그들이 시민을 대표하여 정치를 합니다. 선거에는 여자를 포함한 국민 모두가 참여할 수 있지요. 이러한 오늘날의 민주 정치는 '평등한 간접 민주 정치'라고 부릅니다.

다알지 기자

여러분, 안녕하세요. 역사공화국 법정 뉴스의 다알지 기자입니다. 오늘은 스파르타의 아르키다모스 왕이 아테네의 페리클레스를 상대로 낸 소송의 재판 첫째 날이었는데요. 스파르타와 아테네의 명예를 건 열띤 공방의 현상을 생생히 전해 드리겠습니다. 그럼 먼저 원고 측 변호인을 인터뷰해 보겠습니다.

김딴지 변호사

찬란한 문화를 앞세워 제국주의의 속내를 감춘 아테네의 탐욕스러움에 대해 밝힐 수 있어서 속이 다 후련하군요. 페르시아 전쟁 때 그리스는 스파르타를 포함한 도시국가가 함께 전쟁을 치러 승리를 거뒀어요. 그런데 아테네는 전쟁에서 이기자마자 동맹국들이 델로스 섬에 모아 둔 공금을 자기 영토로 옮기고 이 나라 저 나라를 간섭했지요. 이런 나라를 민주정을 시행했다는 이유만으로 훌륭하다고 말해서는 안 되지요. 또한 오늘 재판에서 무자비하고 전쟁을 좋아하는 나라라고 오해받던 스파르타의 숨겨진 진실도 밝힐 수 있어서 더욱 좋았습니다. 스파르타도 훗날 입헌 군주제의 바탕이 된 과두정을 실시했던 위대한 국가였지요.

휴 정
인터뷰

이대로 변호사

아무리 그래도 역사에 위대한 발자국을 남긴 그리스의 도시국가는 아테네가 아니겠습니까? 오늘 재판은 아테네의 민주정에 대해 다시금 생각해 볼 수 있었다는 점에서 큰 의미가 있어요. 당시 아테네 근처에 있던 몇몇 국가들도 민회를 두긴 했습니다만, 아테네의 민주제는 다른 나라들의 민주제와는 차원이 달랐지요. 아테네 인들은 그리스에서 가장 확고히 민주제를 확립했고, 시민 개인의 자유를 보장했지요. 아테네 민주정에 대해 피고 측이 반론을 펼쳤지만, 그건 솔론의 개혁 이전에나 받을 만한 비판이에요. 아테네는 귀족과 평민 간의 갈등을 해결하기 위해 갖가지 노력을 한 국가예요. 정치 체제나 문화에 대해 함부로 딴죽을 걸 만큼 만만한 나라가 아니라는 말입니다.

역사 유물 돋보기

고대 그리스가 살아 있는 작품

검은색 무늬 그릇

스파르타 작가의 작품으로 기원전 550~기원전 530년에 그려진 것으로 추정됩니다. '흑회식'이라고 불리는 그리스 도기 제작 기법을 사용하였습니다. 빨간 바탕의 상을 검게 하고, 선을 송곳 같은 것으로 긁어내어 표현하는 방법으로, 기원전 600년경 아티카에서 시작되어 기원전 550~기원전 530년경 전성기를 맞아 많은 걸작이 만들어졌습니다. 기원전 520년경에는 적회식 기법으로 대체되었지요. 작품 한가운데 의연한 자세로 말을 타고 있는 스파르타 전사의 모습이 인상적입니다. 현재 루브르 박물관에 소장되어 있습니다.

붉은색 무늬 그릇

양쪽에 손잡이가 있는 그릇입니다. 가운데 둥근 원 안에 2명의 남자가 있고, 그들을 둘러싸고 쌍을 이룬 남자들이 행렬을 하는 형태를 띠고 있습니다. 이 그릇은 흑회식 이후에 나온 작품으로, 당시 그리스에는 '적회식'이라고 불리는 그려 넣기 기법이 많이 사용되었는데 이 작품 역시 마찬가지입니다. 그림 부분을 붉게 남기고 다른 부분을 검게 하고 세부적인 것은 붓으로 그리는 방법입니다. 기원전 520년경에 아티카에서 시작하여 기원전 5세기에는 수많은 걸작을 낳았지요.

아테나와 헤라클레스

기원전 480~기원전 470년에 만들어진 것으로 보이는 이 작품은 그리스 신화를 바탕으로 하고 있습니다. 작품 속에서 서서 무언가를 따르고 있는 이는 아테나 여신이고, 사자 가죽을 뒤집어쓰고 앉아 있는 사람은 헤라클레스이지요. 아테나는 지혜와 전쟁의 여신으로 제우스와 메티스 사이에서 태어났습니다. 도시국가 아테네의 수호 여신으로 '아테네'라는 이름의 어원이기도 하지요. 그래서 많은 아테네 사람들은 아테나를 숭배하고 찬미하였습니다. 아테나는 헤라클레스가 조국 테베를 구하기 위해 전쟁에 참여했을 때 그의 옆에서 함께 싸워 준 조력자이기도 하지요.

운동하는 스파르타 젊은이들

에드가르 드가의 작품으로 1860년경에 그려진 것으로 보입니다. 인물의 순간적인 포즈를 잘 묘사했던 화가의 작품답게 여러 인물들의 동작에 생동감이 넘칩니다. 오른쪽에 보이는 다섯 명의 젊은이들은 스파르타의 남성들이고, 왼쪽의 세 젊은이들은 스파르타의 여성들입니다. 당시 스파르타는 용맹한 전사를 기르는 것을 중요시했기 때문에 젊은이들은 엄격한 교육과 훈련을 받았습니다. 특히 스파르타의 여성들은 아테네 등 다른 폴리스의 여성들과는 달리 치마도 짧고 차림새도 간소한 것이 특징이지요. 스파르타는 여성의 체육도 장려하였는데, 시민 수에 비해 압도적으로 많은 노예의 반란을 억제할 수 있는 힘이 여자에게도 필요했기 때문입니다.

메가라 법령
박쥐
출입 금지
멈칫

재판 둘째 날

펠로폰네소스 전쟁은 왜 일어났을까?

1. 아테네는 어떻게 델로스 동맹의 맹주가 되었을까?
2. 펠로폰네소스 전쟁의 원인은 무엇일까?

교과연계

세계사
II. 도시 문명의 성립과 지역 문화의 형성
4. 그리스와 로마
(1) 폴리스에서 탄생한 그리스 문명

1 아테네는 어떻게 델로스 동맹의 맹주가 되었을까?

판사　오늘은 스파르타 대 아테네 재판의 둘째 날입니다. 모두 자리에 앉았지요? 그럼 두 번째 공판을 시작하겠습니다. 먼저 원고 측 변호인이 오늘 제기할 문제에 대해 말씀하세요.

김딴지 변호사　네, 판사님. 오늘은 아테네가 어떻게 델로스 동맹의 맹주가 되었는지를 따져 보고자 합니다.

판사　▶아테네가 페르시아 전쟁에서 승리한 결과 델로스 동맹의 맹주가 된 것으로 알고 있는데요. 페르시아 전쟁 이후에 과연 어떤 일이 일어났는지 자세히 들어 보지요. 원고 측 변호인?

교과서에는

▶ 아테네는 페르시아 전쟁 이후에 델로스 동맹의 맹주가 되었습니다. 델로스 동맹은 페르시아의 침공에 대비한 동맹이었으며, 연합 함대의 건설을 위해 본거지를 아테네로 옮겼습니다. 동맹의 자금은 아테네 해군력을 강화하는 데 사용되었습니다.

김딴지 변호사　네. 우선 원고 아르키다모스 왕에게 페르시아 전쟁 이후에 그리스 지역의 상황이 어땠는지 묻고자 합니다.

판사 그러세요.

맹주
서로 동맹을 맺은 개인 또는 단체의 우두머리입니다.

원고석에 앉은 아르키다모스에게 김딴지 변호사가 질문했다.

김딴지 변호사 당시 페르시아와 아테네는 앙숙이었지요? 페르시아 전쟁에 관련한 지난 재판을 본 사람이라면 알겠지만, 모르는 사람들을 위해 그리스와 페르시아의 관계를 간단히 설명해 주세요.

아르키다모스 알겠소. 나도 페르시아 왕인 크세르크세스가 스파르타 왕인 레오니다스에게 소송을 걸었던 것을 알고 있소. 아테네가 복잡한 국내 정치 문제에 시달리다가 페르시아에 보호 동맹을 청하면서 양국이 얽히기 시작했지요. 아테네는 페르시아의 종속국이 되는 조건으로 동맹을 맺었소. 그런데 페르시아가 이오니아 지방에 쳐들어갔을 때 아테네는 페르시아를 배신하고 이오니아를 도왔지요. 스스로 청한 동맹을 무시하고 페르시아를 배반한 처사이지요. 그 후 페르시아와 아테네는 앙숙이 되었소이다.

김딴지 변호사 아테네가 페르시아에 동맹을 요청한 것이 그리스 전체에 화를 불러들인 거라는 말씀이지요?

아르키다모스 그렇소. 페르시아는 아테네가 배신한 데 대한 보복으로 기원전 492년에 페르시아 전쟁을 일으킨 거요.

김딴지 변호사 그런데 기원전 480년 페르시아가 세 번째로 아테네로 공격해 왔을 때, 스파르타는 아테네를 도운 것으로 알고 있는

데요.

아르키다모스 우리 스파르타 인들은 목숨을 버릴 각오로 그리스를 위해 싸웠소. 페르시아가 다시 그리스 본토를 공격해 왔을 때 스파르타의 레오니다스 왕은 아테네를 위해 31개 도시국가와 연합군을 결성해 용감히 맞섰지요.

김딴지 변호사 결과가 어떻게 되었나요?

아르키다모스 기원전 480년, 스파르타의 레오니다스 왕은 그리스 동쪽 해안에 있는 좁은 골짜기인 테르모필레를 지켰으나 결국 패하고 말았소. 하지만 우리 스파르타가 끝까지 버틴 결과 그리스 인들은 다음 전투에 대비할 시간을 벌게 된 것이오. 그래서 이후에 살라미스 해전을 승리로 이끌었고 아테네가 함락되는 것을 막을 수 있었지요.

김딴지 변호사 그러니까 아테네가 페르시아에 나라를 빼앗기지 않을 수 있었던 건 스파르타가 희생한 덕분이었군요. 그런데 아테네는 이를 모른 척했다는 말이고요. 도대체 아테네가 그렇게 뻔뻔하게 군 이유는 뭔가요? 아테네 인들이 원래 개념이 없는 사람들은 아니었을 텐데요…….

아르키다모스 그건 두 나라 사이의 치열한 경쟁 때문이었소. 페르시아 전쟁 이후에 아테네와 우리 스파르타는 에게 해 근처의 동맹국들 사이에서 패권을 차지하려고 경쟁을 벌였지요.

김딴지 변호사 두 나라 간의 싸움이 이때부터 시작된 것이군요.

아르키다모스 그렇소. 게다가 전쟁에서 진 페르시아는 건방진 아테네에게 보복할 기회를 호시탐탐 노렸지요. 그러다 마침 기원전 431년에 아테네와 파르타 사이에 펠로폰네소스 전쟁이 일어나자, 페르시아는 아테네를 무너뜨리고 소아시아와 이오니아 지역의 땅을 되찾을 생각으로 우리 스파르타를 도운 거요.

김딴지 변호사 원고의 진술을 잘 들었습니다. 결국 아테네가 페르시아를 배신하고 이오니아를 도왔기 때문에 페르시아가 그리스 본토까지 쳐들어왔고 스파르타의 희생을 불러왔군요. 그 결과 양국이 앙숙이 된 것이고요.

그때 둘째 날 재판이 시작된 이후 내내 입을 다물고 있던 이대로 변호사가 참을 수 없다는 듯이 자리에서 벌떡 일어났다.

이대로 변호사 이의 있습니다! 이후 아테네는 페르시아가 다시 공격해 올 것에 대비해 델로스 동맹을 맺고 힘을 다져 놓았습니다. 델로스 동맹 덕택에 스파르타도 펠로폰네소스 반도에서 멀리 이오니아 지방까지 직접 군비를 들여 군대를 주둔시킬 필요가 없어졌지요. 그렇지 않습니까? 그런데 스파르타는 델로스 동맹의 혜택을 누리는 한편, 펠로폰네소스 반도에 있는 코린트나 메가라와 같은 도시국가들과 편먹고 '펠로폰네소스 동맹'을 맺어 아테네를 견제하지 않았나요?

김딴지 변호사 이대로 변호사는 아테네가 잘못해서 페르시아를 그리스로 끌어들인 데 대해서는 아무 말이 없고, 오히려 스파르타가 주변국들과 '펠로폰네소스 동맹'을 맺었다며 공격하는군요. 정말 뻔뻔하기 이를 데 없네요!

판사 자, 다들 진정하시고 그 시작부터 따져 봅시다. 아테네를 중심으로 한 델로스 동맹에 대해 어떻게 생각하는지 당사자인 피고의 말을 직접 들어 보자고요.

피고석에 조용히 앉아 있던 페리클레스 장군이 방청석 앞으로 걸어 나왔다.

김딴지 변호사 첫째 날에 이어 오늘 또 진술해 주시는군요. 피고께서 어떻게 델로스 동맹을 맺게 되었는지 설명해 주시지요.

페리클레스 그러지요. 스파르타가 생각하는 것처럼 우리 아테네가 순전히 우리 이익을 위해 델로스 동맹의 맹주가 된 것이 아니오. 나는 전쟁 때 페르시아군이 아테네 신전과 집들을 모두 불태우고 쑥대밭으로 만든 것을 보았소. 그때 나는 '우리 그리스 인이 다시 전쟁을 겪는 일은 없어야겠다, 그러려면 힘을 길러야겠다'라고 생각했소. 무엇보다 살라미스 섬 근처로 피란 왔던 아테네 인들이 다시 고향으로 돌아가 평화로운 도시를 재건하는 데 보탬이 되고자 했을 뿐이오.

김딴지 변호사 평화를 그렇게 사랑한다면서 델로스 동맹을 맺을 당시에 왜 스파르타를 내치려고 했습니까? 스파르타의 행동이 불손하다며 다른 동맹국들을 부추기지 않았습니까?

페리클레스 그건 사실이 아니오. 우리가 스파르타를 몰아내려고 동맹국을 선동한 적은 없소. 다만 민주정을 선호하는 여러 동맹국들이 민주정을 이해하지 못하는 스파르타를 좋아하지 않았지요. 스파르타 인들은 전쟁 외에는 잘하는 것이 없었으니까요.

다른 동맹국들이 스파르타를 달갑지 않아 했다는 말을 듣자, 원고석에 앉아 있던 아르키다모스 왕의 얼굴이 붉으락푸르락해졌다. 아르키다모스 왕은 손을 번쩍 들고 판사에게 발언권을 요청했다.

아르키다모스 저 배은망덕한 페리클레스의 말을 가만히 듣고 있을 수만은 없소! 아테네가 델로스 동맹을 맺을 수 있었던 것도 우리가 도와주었기 때문입니다.

판사 무엇을 도와주었나요?

아르키다모스 페르시아 전쟁 이후에 그리스 땅에 남아 있던 페르시아 군대를 몰아내 주었소! 그때 페르시아 주둔군 대장이었던 마르도니우스도 우리 스파르타와의 전투에서 전사했지요. 다시 말해, 페르시아 인들을 그리스 땅에서 완전히 제거한 것은 용감한 스파르타인이란 말이오. 그 은혜에 감사할 줄은 모르고…… 쯧쯧.

페리클레스 스파르타가 페르시아를 그리스 지역에서 몰아낸 일이 어째서 아테네에 은혜를 베푼 것이란 말이오? 페르시아가 그리스에 쳐들어올 마음을 먹은 이상 위험해지는 건 스파르타도 마찬가지 아닙니까? 자신들의 이익은 숨기고 마치 아테네를 위해 희생한 양 포장하는 것은 당신이 그렇게 중요시하는 스파르타 정신에 어긋나는

페르시아 인들을
그리스 땅에서 몰아낸 것은
우리 용감한 스파르타 인입니다.
그 은혜에 감사할 줄 모르고…
쯧쯧.
거참, 페르시아가
그리스에 쳐들어오면 스파르타도
위험한 건 마찬가지 아닌가?
우리 아테네를 위해 막아 준 척
유세 떨기는!
무슨 소리!

왜 갑자기 동맹국이 모은
기금을 옮기자고 한 거죠?
다른 꿍꿍이가 있던 것 아닙니까?
조사하면 다 나와요!

소인배 나라가 대인배
나라의 일을 어찌
이해할 수 있겠어요.

법
아휴,
난장판이구먼.

일이 아니오?

페리클레스가 비꼬는 말투로 반문하자 아르키다모스가 몹시 흥분해 자리를 박차고 있어났다. 그가 양손을 불끈 쥐고 소리를 지르려는 찰나 김딴지 변호사가 일이나 그를 진징시켰다.

김딴지 변호사 원고, 원고, 진정하세요! 대꾸할 가치도 없어요. 앉으세요, 앉아요. 역시 피고는 사실을 제대로 인정하지 않는군요. 그럼 피고에게 한 가지 더 묻겠습니다. 델로스 동맹이 맺어진 이후 왜 동맹국이 모은 기금을 델로스 섬에서 아테네로 옮기자고 제안한 겁니까? 이때부터 동맹국들은 거의 모두 아테네의 속국이 되었고, 아테네는 매년 동맹국이 내야 할 공납금을 올려 받았지요. 아테네는 전쟁에 대비한다는 명목으로 다른 동맹국의 돈을 끌어다 자신들의 배만 불렸습니다.

이대로 변호사 판사님, 이의 있습니다! 원고 측 변호인은 증거도 없이 추측해 이야기하고 있습니다. 일단 스파르타가 페르시아 전쟁에 참여한 것도 단지 아테네를 위해서 자발적으로 나선 것은 아닙니다. 아테네 측에서 그리스 전체의 번영을 위해 끊임없이 출전을 설득했기 때문이지요. "페르시아를 함께 막아 달라. 최전방을 막아야 그다음도 무너지지 않는다!"라고요. 아테네가 끈질기게 설득하지 않았다면, 스파르타 인들은 수수방관하면서 아테네를 자신들의 방패막이로 삼았겠지요.

김딴지 변호사 추측만으로 이야기하는 것은 오히려 피고 측 변호인이 아닙니까? 강인한 스파르타 인들이 왜 아테네를 방패막이로 썼겠습니까?

이대로 변호사 이봐요, 김딴지 변호사, 우리 이제 좀 솔직해집시다. 어차피 스파르타는 전쟁에 필요한 돈도 충분하지 않았습니다. 페르시아가 쳐들어왔을 때 적극적으로 참여하지 않은 것은 헬롯들의 반란 등 국가 내부의 위협 때문이기도 했지만, 더 중요한 원인은 다른 나라를 도울 만한 재정 형편이 안 되었기 때문이 아닙니까? 그러니 그리스 동맹국들을 대표해 전쟁에 필요한 재정을 마련해야 했던 아테네의 상황을 이해하지 못한 거지요.

김딴지 변호사 이대로 변호사는 계속해서 본인의 추측으로 일관하는군요. 정말 이대로는 끝나지 않겠어요! 판사님, 아테네의 횡포를 증언해 줄 증인으로 당시 에게 해 주변에 있던 동맹국의 시민을 한 분 모시고자 합니다.

판사 그렇게 하세요. 증인은 나와서 먼저 선서하세요.

헬레네스 선서, 나 헬레네스는 진실만을 말할 것을 맹세합니다.

김딴지 변호사 안녕하세요. 증인 헬레네스 씨는 생전에 아테네에 자주 오갔다고 하는데 어떤 일 때문이었습니까?

헬레네스 나는 재판받을 일이 있어서 아테네에 자주 갔습니다 .

김딴지 변호사 아니, 왜 아테네까지 가서 재판을 받은 거죠? 증인이 살던 나라에는 법원이 없었나요?

헬레네스 아테네의 동맹국이 된 이후로 우리는 재판받을 일이 생기면 아테네로 가야 했습니다. 그런데 아테네 시민은 우리가 잠시 머물 방을 세놓을 때도 평소보다 비싸게 받았고, 마차를 빌려 주는 값도 주인 마음대로 정했습니다.

김딴지 변호사 불편한 점이 한두 가지가 아니었겠군요.

헬레네스 그렇지요. 아테네 시민에게 아첨하지 않으면 재판도 불리하게 진행되었고, ▶재판관에게 줄 보수도 우리가 직접 냈습니다. 아테네 시민은 그야말로 꼼짝도 안 하고 앉아서 나 같은 동맹국 시민들의 돈으로 배를 불린 거지요.

김딴지 변호사 허어, 이건 뭐 동맹국이 아니라 완전 봉이네요, 봉!

헬레네스 그뿐이 아닙니다. 아테네 인들은 축제나 제사가 열릴 때면 우리가 모은 공납금으로 제물을 마련해 신전에 바치고 즐겁게 놀았습니다. 공중 체육관이나 목욕탕도 많이 지어서 시민들은 마치 귀족처럼 풍요롭게 생활했지요. 동맹국들은 아테네에 바칠 공납금을 마련하느라 밤낮없이 일했는데 말이지요.

김딴지 변호사 그럼 아테네가 동맹국에게 받은 공납금을 자국의 시민을 위해 사용했다는 말인가요?

헬레네스 그렇습니다. 나는 증인으로서 이 사실을 꼭 말씀드리고 싶어요. 아테네가 민주적으로 시민을 통치했다고는 하나, 우리 같은 동맹국 시민에게 아테네는 그저 부담스럽고 무서운 존재였을 뿐입니다. 동맹국 기금을 아테네로 옮긴 후에 아테네는 델로스 동맹의 맹주가 되었지요. 원래 우리는 페르시아에 대항하기 위해 델로스 동맹을 맺

교과서에는

▶ 아테네의 행정관과 배심원은 30세 이상의 시민들 중에서 추첨으로 선출되었습니다. 아테네는 다른 폴리스들에게 공납금을 거두어 공직자들에게 수당을 지급했습니다.

었지만, 아테네는 그 목적을 잊었습니다. 동맹에 가입한 그리스 도시국가들에게 무거운 의무를 지우고 가혹하게 지배했지요.

아테네에 불리한 증언이 이어지자 이대로 변호사가 단호한 표정으로 일어나 신문을 시작했다.

이대로 변호사 그건 당연한 요구 아닙니까? 아테네는 그리스 국가 중 유일하게 강력하고 큰 전함을 유지할 수 있는 국가였습니다. 동맹국들은 이러한 아테네의 군사력을 이용하고자 아테네에게 동맹의 주도권을 준 것이 아닙니까? 아테네가 억지로 기금을 빼앗기라도 했나요?

헬레네스 물론 처음에는 우리도 도움을 받고자 동맹을 맺었지요. 그렇지만 배를 만들기 번거로워진 동맹국들이 공납을 현금으로 내면서 문제가 생겼습니다. 동맹국들의 공납금으로 아테네는 엄청난 부를 축적하고 번영을 누렸으니까요.

이대로 변호사 아테네는 그 공납금으로 살라미스 해전 이후에 20년 동안 에게 해 북동부 지역의 도시국가들을 지키고 보호했으며, 페르시아의 침입을 막아 냈습니다. 아시다시피 전쟁용 배를 만드는 조선소와 숙련된 노동자는 아테네에만 있었지요. 그리고 배에서 노를 젓는 사람들은 공짜로 일합니까? 그들에게 보수를 주려면 기금을 쓰는 게 당연하지 않나요?

김딴지 변호사 거, 됐고요. 배심원 여러분은 증인 헬레네스의 증언을 통해 아테네가 델로스 동맹의 맹주가 된 후 다른 도시국가들을 어떻게 대했는지 제대로 알게 되셨을 겁니다. 전쟁에 대비하기 위한 것이었다고는 하나, 기금을 굳이 델로스 섬에서 자국인 아테네로 옮길 필요는 없었습니다. 아테네가 자신들의 뱃속을 채우려고 그런 거지요.

이대로 변호사 이의 있습니다, 판사님! 지금 증인은 아테네를 공납금이나 가로챈 야비한 나라로 몰아가고 있습니다. 델로스 동맹의 기금을 아테네로 옮긴 결정적인 이유는 페르시아 때문이었는데 말입니다.

판사 결정적인 이유가 페르시아 때문이라고요? 궁금하군요. 그에 대해 좀 더 말해 보세요.

페리클레스 내가 말하지요. 기원전 459년부터 기원전 454년까지 우리 아테네의 키몬 장군이 이끄는 델로스 동맹군은 페르시아의 지배에 시달리던 이집트를 돕기 위해 원정을 떠났습니다. 그러나 불행히도 우리는 이 원정에서 4만 명의 군사를 잃었지요. 그중 아테네 인들이 가장 많이 희생당했다는 것을 다들 알 겁니다. 그렇게 막대한 희생에도 불구하고 페르시아군이 이집트에서 승리하자 우리 아테네는 페르시아가 다시 그리스를 침공해 올까 봐 두려웠소. 그래서 델로스 동맹의 기금을 안전하게 지키기 위해 아테네로 옮긴 거지요.

"맞아. 아테네가 대체 무슨 잘못을 했다는 거야? 동맹국의 안전을 위해 그렇게 많은 희생을 했는데……. 그 덕에 동맹국은 자유를 누렸잖아!"

"그러게 말이야. 서로 잘살려고 시작한 일인데, 화장실 들어갈 때 마음하고 나올 때 마음이 다르다더니……. 아테네가 없었어 봐, 그리스 인들은 페르시아의 노예가 되었을지도 몰라!"

방청객들이 너 나 할 것 없이 한마디씩 거들어 법정이 소란스러워졌다.

페르시아 전쟁

기원전 492년부터 기원전 479년까지 지속된 페르시아 제국과 그리스 사이의 전쟁입니다. 이 전쟁에서 그리스의 여러 도시국가들은 힘을 모아 페르시아 제국에 대항해 승리했습니다. 페르시아는 1차 원정에서 이오니아를 점령하고 아테네로 향하던 중에 태풍을 만났습니다. 이때 함대가 침몰하면서 원정을 중단하고 본국으로 돌아갔지요. 2차 원정은 아테네가 이오니아를 도왔다는 명분으로 일어났습니다. 페르시아군은 아테네 북동쪽에 있는 마라톤 평야에 상륙하여 아테네를 공격했지만 결국 아테네가 승리했지요. 페르시아는 세 번째로 대규모 군대를 이끌고 그리스 원정을 시도했습니다. 이때 거의 모든 그리스 도시국가가 동맹을 결성하여 참여했지요. 이때 육군은 스파르타가, 해군은 아테네가 지휘권을 맡아 페르시아를 공격했습니다. 스파르타의 왕 레오니다스는 끝까지 테르모필레 협로를 지키려 했는데요, 여기서 부대원 전원이 전사했습니다. 그러나 해전에서는 아테네가 살라미스 섬 인근에서 페르시아 함대와 싸워 승리했고, 그리하여 페르시아의 그리스 원정은 모두 실패로 끝났습니다.

2 펠로폰네소스 전쟁의 원인은 무엇일까?

판사 잘 들었습니다. 아테네가 그리스의 패권을 장악하면서 스파르타와의 사이가 나빠진 것이군요. 그래서 펠로폰네소스 전쟁이 일어난 건가요? 스파르타가 아테네를 공격하면서 전쟁이 시작되었다고 알고 있는데, 맞습니까?

김딴지 변호사 네, 스파르타가 먼저 아테네를 공격한 것은 사실입니다. 하지만 그럴 만하니까 전쟁을 일으킨 것이 아니겠습니까? ▶먼저 공격했다고 무턱대고 스파르타를 비난할 게 아니라 전쟁을 일으키게 된 원인부터 따져 봐야 한다고 생각합니다. 피고가 펠로폰네소스 전쟁 중에 전사한 군인들에게 바치는 추모 연설을 보면 아테네가 자기네 민주정의 좋은 점만 치켜세우고 스파르타와 다른 그리스

교과서에는

▶ 아테네가 델로스 동맹의 맹주가 되면서 그리스의 세력 균형은 무너졌습니다. 아테네의 세력이 갈수록 커지자, 스파르타를 비롯한 펠로폰네소스 동맹의 폴리스들은 위협을 느끼고 아테네에 대항했지요. 그래서 펠로폰네소스 전쟁이 일어났습니다.

인들을 얼마나 무시했는지 알 수 있습니다. 이 상황에서 명예를 중시하는 스파르타가 어떻게 참을 수 있었겠어요?

이대로 변호사 김딴지 변호사는 연설문의 앞머리만 보았나 보군요. 이래서 사람 말은 끝까지 들어 봐야 한다는 말이 있지 않겠어요? 그 연설문은 민주 정치의 위대함을 알리고 전사들의 넋을 위로하고자 발표한 것입니다. 다른 도시국가들을 얕잡아 본 것이 아니에요. 당시에 벌써 만인에게 평등한 권리가 주어졌다는 사실이 놀랍지 않습니까? 그러니 지금 역사 교과서에 실리는 것이 당연하지요.

김딴지 변호사 지금도 이대로 변호사는 아테네 자랑만 늘어놓는군요. 당시 아테네 인들도 이대로 변호사처럼 점차 자만심이 커진 게 아닐까요? 그래서 그리스를 통째로 삼켜 버리고 싶었겠지요. 아닙니까? 이처럼 아테네가 그리스의 평화를 위협하는데 스파르타가 가만히 구경만 했어야 한다고요?

이대로 변호사 그렇다고 그리스 인끼리 전쟁을 벌이는 것은 서로의 파멸을 가져오는 일이 아닙니까? 그래서 피고는 스파르타가 침략했을 때 그리스 인끼리 싸우는 것을 피하려고 여러 가지 방어 전략을 펼쳤습니다. 그런 아테네에게 펠로폰네소스 전쟁의 책임을 물을 수 있습니까?

김딴지 변호사 아니, 그사이에 ▸피고에게서 아테네의 수사학이라도 배운 겁니까? 요리조리 잘 빠져나가는군요. 분명히 말하지만 아테네가 제국주의적인 욕심을 드러내 평화를 위협했던 사건은 여러 차례 있습니다. 기억 못하신

교과서에는

▸ 민주적인 분위기 속에 살았던 아테네 시민들은 토론을 즐겼습니다. 그래서 웅변술이나 문장술을 매우 중요하게 생각했고, 이것들을 가르치는 교사인 소피스트도 생겨났지요.

타소스
기원전 465년, 타소스는 델로스 동맹에 대항해 반란을 일으켰습니다. 아테네의 공격을 2년 동안 버티었으나, 결국 섬을 포위당해 아테네에게 보상금을 지불하고 항복합니다.

사모스
기원전 440년에 사모스와 밀레투스 간에 싸움이 벌어졌습니다. 이에 아테네가 개입해 중재하려 했지요. 하지만 사모스는 아테네가 밀레투스 편을 들자 아테네에 대항했습니다. 그래서 페리클레스는 직접 함대를 끌고 가 사모스의 과두정을 민주정으로 바꾸고 배상금을 요구했으며 주둔군을 이주시켰습니다.

다면 아테네가 다른 도시국가인 타소스와 사모스를 삼키려 했던 일에 대해 말씀드리지요.

판사 　오호, 그런 일이 있었나요? 좋습니다. 말씀해 보세요.

김딴지 변호사 　아테네는 동맹국인 타소스의 금광 소유권이 욕심나서 이들을 공격했습니다. 성을 강제로 함락시켜 결국 타소스의 영토를 아테네로 편입했지요. 그리고 아테네 동쪽의 사모스가 프리에네시를 차지하려고 밀레시아와 싸울 때도 아테네가 멋대로 개입해 사모스군을 굴복시켰습니다. 아테네의 욕심 때문에 그리스 인끼리 싸우게 된 거지요. 그러고도 아테네가 평화를 원했다고 할 수 있습니까? 어처구니가 없네요.

김딴지 변호사가 비아냥거리자 피고석에 앉아 있던 페리클레스가 굳은 얼굴로 일어나 말했다.

페리클레스 　김딴지 변호사가 말한 것은 사실과 다릅니다. 사모스와 밀레시아의 싸움을 이야기했는데, 당시 사모스를 도우려고 페르시아의 장군 피수트네스가 황금 1만 장을 보내온 것은 아시오? 사모스 인들은 페르시아가 준 전쟁 자금으로 우리 아테네를 다시 공격했소. 페르시아가 어떤 나라요? 불과 몇 년 전만 해도 그리스와 창을 맞대고 전쟁을 치른 나라가 아닙니까? 그리스 지역 전체의 원수라고도 할 수 있지요. 우리가 함대를 거느리고 사모스로 간 까닭은 사모스를 페르시아의 개입으로부터 구하기 위한 것이었소.

이대로 변호사 맞습니다. 김딴지 변호사는 계속 아테네가 영토를 넓히려고 욕심을 부렸다는데 과연 그것이 사실인지 증인을 불러 확인하죠. 판사님, 플루타르코스를 증인으로 불러 주세요.

판사 증인 플루타르코스는 나와서 증인 선서를 하세요.

플루타르코스 선서. 나 플루타르코스는 신성한 법정에서 진실만을 말할 것을 맹세합니다.

이대로 변호사 이렇게 나와 주셔서 감사합니다. 『플루타르코스 영웅전』이라는 유명한 책의 저자를 모르는 분은 없으리라 생각되지만, 그래도 간단히 자기소개를 해 주세요.

플루타르코스 나는 로마 제정기에 살았던 역사가요. 로마 시대에 살았지만, 그리스 서북부 테베 근처의 카이로네이아에서 태어났으니 그리스 인이라고도 할 수 있지요. 중요한 재판에 증인으로 섰으니 충실히 증언하겠소.

이대로 변호사 박학다식하기로 유명한 분이 말씀을 참 겸손하게 하시네요. 방금 말한 증인의 책 『영웅전』에서는 피고가 조국을 위해 헌신한 인물로 그려졌더군요. 그 책을 읽고 오늘 재판의 증인으로 모시기에 충분하다고 판단했습니다. 원고 측에서는 피고가 아테네 제국의 영토를 넓히려고 부당하게 사모스를 공격했다고 주장하는데요, 이것이 사실입니까?

플루타르코스 뭐, 그렇다고 볼 수도 있고 아니라고 볼 수도 있고…… 한마디로 말하기 어렵군요.

김딴지 변호사 증인! 정확하게 말씀하셔야죠. 증인이 피고를 존경하는 것은 이미 알고 있지만 세계사법정에서는 진실만을 말해야 합니다.

플루타르코스 내가 말할 수 있는 것은 페리클레스 장군은 당시 사모스를 정복한 것을 매우 만족스럽게 생각했다는 것이오. 트로이 전쟁의 영웅인 아가멤논도 야만인이 들끓는 이 도시를 점령하는 데 10년의 세월이 걸렸는데, 장군은 이오니아 최대의 도시를 점령하는 데 9개월밖에 걸리지 않았으니 대단하지요. 아테네는 이 전쟁으로 흑해 연안에서 이오니아 지방에 이르는 해상권을 완전히 장악할 수 있었소.

김딴지 변호사 그게 제국주의가 아니고 뭡니까? 증인은 지금 아테네가 제국주의로 변하던 때를 부끄러워하기는커녕 아주 자랑스러워하는군요. 피고는 사모스를 정복함으로써 도시국가들을 아테네화하려는 검은 속내를 드러낸 겁니다. 그렇지 않습니까?

플루타르코스 아테네 시민들이 민주정의 유지에 필요한 재정을 확보하려고 페르시아의 점령지인 이집트까지 무너뜨리려 했던 것은 사실이오. 그뿐 아니라 시칠리아까지 영토를 확장하려 했지요. 그러나 페리클레스 장군은 시민들과 생각이 달랐소. 페리클레스 장군에게 아테네 제국의 영토는 어디까지나 동맹국들만 포함한 것이었소. 그 이상의 욕심을 부리지는 않았지요.

김딴지 변호사 여전히 피고의 편을 드는군요. 증인은 피고의 탓이 아니었다고 말하지만, 스파르타와 아테네가 친하게 지낼 수 없게 된

것은 피고의 팽창 정책 때문이었습니다. 그럼 플루타르코스 씨, 언제부터 스파르타와 아테네가 본격적으로 대립하게 되었는지 알고 계십니까?

플루타르코스 알다마다요. 아테네가 타소스 섬을 포위하고 있을 때 타소스는 스파르타에 도움을 청했소. 하지만 스파르타는 마침 지진이 일어나서 그 요청을 들어줄 수 없었지요. 당시 지진을 틈타 헬롯들이 반란을 일으켰기 때문이라오. 헬롯들은 스파르타의 노예였지만 스파르타 인보다 그 수가 압도적으로 많아 늘 스파르타에 위협을 주는 존재였지요. 이때 아테네는 헬롯들의 반란을 진압하는 스파르타를 돕기 위해 군대를 보내 주었소. 그런데 정작 스파르타는 헬롯이 아테네 편으로 넘어갈 것을 걱정해, 그들을 도우려고 온 아테네 군대에게 오히려 정변을 일으키려 했다는 누명을 씌워 스파르타에서 추방하더군요. 그때부터 아테네와 스파르타 간의 우호 관계가 무너진 거요.

김딴지 변호사 이런, 증인은 또 스파르타에 책임을 묻는군요. 스파르타가 제일 두려워했던 것은 헬롯들이 반란을 일으키는 것과 이웃나라 아르고스가 침략해 오는 것이었습니다. 이처럼 어려운 판국에 아테네는 이미 반란을 일으켜 스파르타로 돌아갈 생각이 없는 노예들을 받아들였고, 나우팍터스로 이주시켰습니다. 그럼 이번에는 피고에게 묻겠습니다. 이것이 정말 스파르타를 위하는 행동이었습니까? 이것은 아테네가 스파르타에 대해 행한 도발 아닙니까?

페리클레스 김딴지 변호사, 그럼 스파르타를 떠나 자발적으로 우리에게 온 헬롯들을 어떻게 했어야 한단 말이오? 그들을 나우팍터스로 이주시킨 것은 땅이 비옥하지도 않은 아테네에 더 이상 인구를 늘릴 수 없었기 때문이오. 그래서 그들이 도망쳐 온 스파르타에서 가까운 나우팍터스에 살도록 한 것뿐이지요.

김딴지 변호사 피고! 피고가 스파르타 내에서 일어나는 분쟁이나 펠로폰네소스 반도의 내란에 관여하지 않았더라면 펠로폰네소스 전쟁은 일어나지 않았을 것입니다. 앞서 말씀드린 타소스나 사모스 외에 메가라의 경우도 아테네가 '감 놔라 배 놔라' 하며 끼어들어 문제가 더 커진 것이 아닙니까?

페리클레스 메가라의 경우를 말씀드리지요. 당시 스파르타의 두 동맹국인 메가라와 코린트는 국경 문제로 전쟁을 벌이고 있었소. 메가라 인들은 그들이 코린트를 물리치는 데 우리가 돕는 것을 조건으로 스파르다와의 동맹에서 탈퇴하고 아데네 동맹에 합류하고자 했지요. 알다시피 메가라는 바다를 통하지 않고 육로로 펠로폰네소스 반도에 들어갈 수 있는 곳이오. 전략적으로 중요한 나라였지요. 그래서 우리는 메가라의 변절을 받아들일 수밖에 없었소.

김딴지 변호사 여전히 어쩔 수 없었다는 식으로 발뺌만 하는군요. 판사님, 그리고 배심원 여러분, 다음 지도를 봐 주세요. 펠로폰네소스 전쟁에 관해 설명하기 전에 꼭 알아야 할 증거 자료입니다. 코린트와 아테네 사이에 있는 메가라를 좀 보세요.

판사 그렇군요. 중요한 자료인 듯하니 방청객 여러분도 함께 보시기 바랍니다.

김딴지 변호사 메가라가 전략적으로 중요한 건 스파르타도 알고 있습니다. 그래서 메가라와 코린트 사이의 전쟁에 끼어들면 코린트와 스파르타, 나아가 펠로폰네소스 동맹국들과 전쟁이 벌어질 수도 있다는 것은 모르셨나요?

페리클레스 그럴 위험이 있음을 모르진 않았소. 그래서 우리는 전쟁이 일어나는 것을 막기 위해 스파르타의 왕과 참모를 매수하여 스파르타군이 싸우지 않고 돌아가도록 했지요. 심지어 기원전 446년에 스파르타와 30년 평화 조약을 맺을 때, 메가라처럼 이리 붙었다

저리 붙었다 해서 전쟁을 촉발하는 나라가 없도록 조약에 명시하기도 했소.

김딴지 변호사 하지만 그 조치는 단순히 전쟁을 늦추는 것뿐이었습니다. 아테네는 에게 해 근처의 땅을 차지한 것도 모자라, 점점 서쪽으로 점령해 들어왔으니까요.

페리클레스 우리 아테네는 그리스 서쪽의 영토를 차지하려는 생각이 없었소. 서쪽에서 일어나는 일들에 대해선 중립적인 입장이었지요. 예를 들어, 기원전 444년부터 기원전 443년에 이탈리아 남부의 시바리스에서 분쟁과 내란이 일어나자, 고통을 당한 시바리스 인들의 일부가 투리라는 곳에 새로운 그리스 식민 도시를 건설하려 했소. 그들이 우리 아테네에 도움을 요청했지요. 그래서 우리는 범그리스적인 식민지를 구성하기 위해 도움을 주었소. 투리가 건국되고 나서 그들이 스파르타의 식민지인 타라스와 전쟁을 벌일 때 우리는 투리를 돕지 않았습니다. 결국 투리는 타라스에게 지고 말았지요. 하지만 기원전 433년에 케르키라와 코린트 사이에 시보타 전투가 일어났을 때는 더 이상 넋 놓고 보고 있을 수만은 없었소.

김딴지 변호사 범그리스적인 식민지요? 그럴싸한 명분으로 그리스 전체를 지배하려던 욕심은 숨기는군요. 그렇다면 방금 피고가 증언한 대로 케르키라가 모국인 코린트를 상대로 전쟁을 벌일 때는 왜 그냥 보고 있지 않고 케르키라의 편을 든 겁니까? 코린트의 미움을 살 것이 분명했는데 말입니다.

페리클레스 기원전 435년 레우킴네에서 케르키라와 코린트의 전쟁이 있은 후, 코린트는 2년간 복수의 칼을 갈다가 마침내 케르키라를 위협했소. 스파르타가 양측에 관여하지 않겠다는 평화안을 선택했기 때문인지, 코린트와 케르키라는 모두 우리에게 사신을 보내 도움을 요청했소. 코린트의 사신은 사모스 반란 때 자기네가 스파르타와 펠로폰네소스 동맹국들을 말려서 아테네를 침략하지 않도록 단념시킨 것을 기억하라며 우리를 설득했지요. 반면에 케르키라의 사신은 자신들이 패배한다면 케르키라의 막강한 해군력이 스파르타와 펠로폰네소스 동맹국들의 손에 넘어간다고 말했소. 이런 상황에서 김딴지 변호사는 어떻게 하겠소? 과거의 일보다 미래를 생각해야 하지 않겠소? 그래서 하는 수 없이 우리는 케르키라와 방위 동맹을 맺어

이들을 도왔고, 케르키라는 코린트와의 싸움에서 승리하게 된 거요.

김딴지 변호사　또 어쩔 수 없이 도왔다고 하는군요. 스파르타처럼 양측의 요구에 모두 응하지 않는 것이 오히려 더 현명했을 겁니다. 뭐 그때까지는 어쩔 수 없었다 치더라도, 그 이후에는 왜 계속 다른 나라의 일에 참견한 겁니까?

페리클레스　코린트는 비록 우리의 도움을 받은 코르키아에 패했지만 그대로 가만히 있을 나라가 아니었소. 우리는 코린트가 스파르타와 동맹국들을 끌어들여 다시 공격해 올 것이라고 예상했지. 그래서 그리스 북서쪽에 계속 관심을 가질 수밖에 없었소.

김딴지 변호사　그렇다면 기원전 432년에 포티데이아는 왜 정복한 거죠? 정말로 코린트가 펠로폰네소스 동맹국들을 부추겨 전쟁을 일으키는 것을 막고자 포티데이아를 공격했다는 겁니까? 그 이유를 듣고 어찌나 황당하던지…….

페리클레스　정복이라니? 당치도 않소. 코린트의 이주민들로 구성되긴 했지만 포티데이아는 아테네의 동맹국에 속해 있었소. 나는 이 점을 확실히 해 두고 싶었지. 코린트가 포티데이아에 어떠한 영향력도 행사하지 못하도록 하려는 것뿐이었소. 그러나 어리석은 포티데이아는 우리 편에 서지 않고 몰래 스파르타에게 도움을 요청했더군.

김딴지 변호사　그러는 사이에 메가라에 대해서도 어떤 조치를 하신 것으로 알고 있는데요?

페리클레스　우리는 박쥐처럼 '간에 붙었다 쓸개에 붙었다' 해서 전쟁을 유발하는 메가라를 불안하게 여겼소. 그래서 기원전 432년 겨

울에 메가라 인들이 우리의 동맹국과 거래하지 못하도록 '메가라 법령'을 발표한 거요. 이로써 메가라 인들은 우리 아테네의 항구와 아고라에 출입할 수 없게 되었지요.

김딴지 변호사　　메가라 인들에게 아테네가 그 법령을 내린 것은 곧 전쟁을 선포한 것이나 마찬가지였습니다. 스파르타 인들은 케르키라와 동맹을 맺은 이래 아테네가 벌이는 일련의 사태를 보면서 불만을 품고 있었는데, 동맹국인 메가라에게 '메가라 법령'까지 발효한 것을 보고 전쟁을 벌일 생각을 하게 된 겁니다. 이에 대해 피고는 어떻게 생각합니까?

페리클레스 나 역시 스파르타가 분노할 것이 걱정됐지만, 당시 스파르타의 왕이자 나의 친구이기도 했던 아르키다모스 왕을 믿고 그렇게 한 거요. 그는 평화를 사랑하는 자였으니 메가라 법령에 관한 스파르타 인들의 분노를 잠재워 줄 것이라 믿었소. 하지만 내 예상과 달리 아르키다모스 왕은 스파르타 인들의 분노를 막아 내지 못했소. 그래서 전쟁이 일어난 거지. 결과적으로 내가 스파르타 왕을 과대평가했고 스파르타 인들의 분노를 과소평가했기 때문일 수도 있겠지.

김딴지 변호사 이제야 본인의 잘못을 조금 인정하는군요. 또 하나, 스파르타 인들이 아테네에 전쟁을 선포하기 전에 전쟁을 피하고자 노력했던 것을 기억합니까?

페리클레스 흠, 언제였더라……. 그래, 기원전 432년 8월 말쯤에 스파르타의 사신이 내게 와서 메가라 법령을 철회한다면 전쟁을 일으키지 않겠다고 말한 적이 있소. 그걸 말하는 거요?

김딴지 변호사 그렇습니다. 그때 피고는 그 제안을 단호히 거절했다지요? 메가라 법령을 철회하라는 스파르타의 요구를 받아들였다면 내전은 일어나지 않았을 겁니다. 그렇지 않나요?

페리클레스 그랬겠지요. 만약 우리 아테네가 스파르타의 요구대로 에게 해의 주도권에만 만족하고 서부 지역에서 일어나는 일에 참견하지 않았다면 전쟁이 일어나지 않았을 수도 있겠지요. 하지만 아테네와 마찬가지로 펠로폰네소스 반도에 있던 도시국가들은 인구가 늘면서 주민들을 어딘가로 이주시켜야 했소. 새로운 식민지가 필요해진 거지요. 그런데 서부 지역에 식민지를 개척한 도시국가들은 문제가 생길 때마다 번번이 아테네와 스파르타에 도움을 요청했소. 도시국가들은 두 강국의 힘을 이용해 살아남으려 했고, 그로 인해 아테네와 스파르타가 전쟁을 벌이는 상황까지 가게 된 거요. 주변국들의 요청이 끊임없으니 양국이 대립할 수밖에 없었지. 만일 스파르타가 그리스 서부 지역의 주도권을 갖고, 아테네는 에게 해 지역의 주도권을 갖는 것을 서로 인정했다면, 그리스 인끼리 내전을 일으키는 일은 없었을지도 모르오.

가만히 김딴지 변호사의 신문을 지켜보던 이대로 변호사는 페리클레스가 아테네의 잘못을 어느 정도 수긍하자 아차 싶었는지 손을 번쩍 들고 일어났다.

이대로 변호사　존경하는 판사님, 김딴지 변호사는 피고를 지나치게 추궁하고 있습니다. 아까 증언을 제대로 마무리하지 못하였으니 증인 플루타르코스를 다시 신문하게 해 주십시오.

판사　그렇게 하세요.

이대로 변호사　증인, 원고 측 변호인은 아테네가 메가라 법령을 철회하지 않아서 교전 상태에 돌입하게 되었다고 했는데요, 증인은 이에 대해 어떻게 생각하는지요?

플루타르코스　나는 아테네가 메가라에 내린 경제적 제재뿐 아니라, 포티데이아에 대한 무력적 억압, 케르키라와 아테네의 동맹 등

일련의 사건이 스파르타의 심기를 불편하게 했으리라고 생각해요. 아테네 역시 스파르타의 설득과 간섭이 심해지자 불쾌하게 생각했고요. 페리클레스 장군은 당시 아테네 시민들에게 스파르타에 굴복한다면 아테네 인들은 스파르타의 노예가 되는 것이나 마찬가지라며 그들을 설득했어요.

이대로 변호사 그러니까 증인의 말은 페리클레스 장군이 전쟁을 부추겼다는 뜻인가요? 흠, 그건 이해할 수 없는데요. 그럼 전쟁이 시작된 이후에 페리클레스 장군은 어떻게 전쟁에 대처했나요?

플루타르코스 스파르타는 재정도 부족했고 해군 역시 코린트에 의지하고 있었기 때문에 전쟁을 오래 지속할 수 없었지요. 페리클레스 장군은 그런 약점을 알고 아테네 근처의 피레에프스 해군 기지와 항구가 연결되도록 성벽을 길게 쌓았어요. 그리고 이 성벽 안으로 모든 아테네 인들을 피난시켰소. 스파르타가 지쳐 나가떨어지도록 장기전을 준비한 거지요.

이대로 변호사 하지만 기원전 430년에 흑사병이 유행하면서 아테네가 위태로운 상황에 놓이게 되었다고 아는데요.

플루타르코스 그렇소. 아테네를 휩쓴 흑사병은 전쟁을 치를 힘을 마비시켰어요. 제대로 잘 곳도 없고 위생 시설도 갖추어지지 않은 환경에서 모여 살던 피난민은 참담하게 죽어 갔지요. 그래서 민심이 어지러워졌고, 아테네 인들은 더 이상 페리클레스 장군을 신뢰하지 못했지요.

이대로 변호사 그래서 전쟁 중에 페리클레스 장군이 도편 추방을 당했나요?

플루타르코스 아니오. 페리클레스는 추방을 면했어요. 하지만 시민들은 그에게서 군대 지휘권을 빼앗고 벌금을 내게 했지요. 그 후 아테네 인들은 페리클레스 장군과 같은 정치력과 지휘력을 가진 사람을 찾으려고 애썼지만 그 누구도 그의 빈자리를 대신할 수 없었소. ▶그래서 결국 기원전 429년에 아테네 시민들은 페리클레스 장군을 다시 불러들였지요. 하지만 장군은 흑사병으로 아들을 잃고 곧 자신도 병에 걸려 죽고 말았소. 아테네로서는 엄청난 손실이었지요.

도편 추방제에 사용되었을 것으로 보이는 도자기 조각

김딴지 변호사 잠깐만요, 이의 있습니다. 증인 플루타르코스는 피고를 높이 평가하는데 저는 그렇게 보지 않습니다. 아테네 인들은 페리클레스 장군의 전략을 따르는 바람에 전투 한번 제대로 해 보지 못한 채 전염병으로 목숨을 잃었어요. 만약 그때 전염병이 발생하지 않았어도 페리클레스 장군의 전략은 결국 실패하고 말았을 겁니다.

판사 증인에 대한 신문은 이제 더 없나요? 좋습니다. 오늘은 펠로폰네소스 전쟁이 일어나게 된 원인에 대해 파헤쳐 보았는데요. 다음 3차 공판에서 남은 사항에 대해 살펴보도록 하지요. 그럼 다음 공판 때 만납시다.

땅, 땅, 땅!

교과서에는

▶ 페리클레스는 펠로폰네소스 전쟁 중에 사망했습니다. 페리클레스가 사망한 후 아테네의 민주 정치는 중우 정치로 변질되었습니다.

열려라, 지식 창고

페리클레스의 연설문

우리는 이웃 여러 나라의 제도를 부러워할 필요가 없는 정치 체제 아래 살고 있다. 다른 나라를 모방하는 것이 아니라, 우리가 다른 나라의 모범이 되고 있는 것이다. 소수가 아닌 다수에 의한 지배이기 때문에 이 정치 체제는 민주 정치라고 불린다. 사적인 분쟁에 대해서도 법률적으로 만인에게 평등한 권리가 주어진다. 인물을 평가할 때에는 명성과 덕망을 기준으로 한다. 즉, 공공 업무에 참여할 수 있는 영예는 신분이 아니라 능력에 따라 주어진다. 가난한 자라 하더라도 국가에 조금이라도 이익을 줄 수 있다면 신분이 미천하다는 이유로 공직에서 배제되는 일은 없다. 또한 우리는 일상생활에서도 이웃 사람이 자기 뜻대로 행동할 권리를 인정한다. 이처럼 우리는 사적인 교제에서 어떤 강제도 받지 않고 살고 있다. 한편, 공공 업무에 대해서는 그 시기의 관리나 법률에 대한 존경과 복종으로 일한다. 상해의 위험을 느껴서 일하는 것이 아니다. 우리는 공적인 면에서도 자유롭게 시민 생활을 하고 있다.

– 펠로폰네소스 전쟁 전사자들을 위한 추모식에서

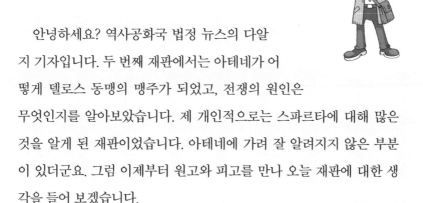

휴정 인터뷰

다알지 기자

안녕하세요? 역사공화국 법정 뉴스의 다알지 기자입니다. 두 번째 재판에서는 아테네가 어떻게 델로스 동맹의 맹주가 되었고, 전쟁의 원인은 무엇인지를 알아보았습니다. 제 개인적으로는 스파르타에 대해 많은 것을 알게 된 재판이었습니다. 아테네에 가려 잘 알려지지 않은 부분이 있더군요. 그럼 이제부터 원고와 피고를 만나 오늘 재판에 대한 생각을 들어 보겠습니다.

아르키다모스

페르시아 전쟁이 끝나고 아테네와 스파르타는 에게 해 근처의 동맹국 사이에서 패권을 차지하려고 경쟁을 벌였소. 사실 두 나라 간의 싸움은 이때부터 시작된 거요. 오늘 재판에서 가장 뿌듯한 점은 아테네가 델로스 동맹을 맺기 전에 스파르타가 페르시아 인들을 그리스 땅에서 제거한 것을 밝힌 점이오. 아테네는 델로스 동맹국들이 모은 기금을 자기들 마음대로 아테네로 옮기고, 그 돈으로 자국의 배만 불렸소. 또한 민주정이라는 허울을 뒤집어쓰고 제국주의적인 야심을 숨긴 채 주변의 도시국가들을 정복하려고 했지요. 만약 아테네가 메가라 법령을 철회하라는 우리 스파르타의 요구를 받아들였다면 펠로폰네소스 전쟁은 일어나지 않았을 거요.

재판 내용에 별다른 불만은 없소만 일단 오해는 풀어야겠소. 원고 측이 생각하는 것처럼 아테네가 순전히 이익을 챙기려고 델로스 동맹의 맹주가 된 것은 아니오. 델로스 동맹의 기금은 페르시아군이 다시 그리스를 침공해 올 것에 대비해 옮긴 겁니다. 아테네가 그리스 전체를 위해 페르시아에 맞서 희생하지 않았다면 스파르타도 위험했을 거요. 게다가 아테네는 스파르타의 헬롯들의 반란을 진압하기 위해 군대를 보냈소. 그런데 정작 스파르타는 어찌하였소? 아테네 군대가 정변을 일으키려 했다는 누명을 씌워 추방하지 않았습니까? 그때부터 아테네와 스파르타 간의 우호 관계는 무너진 거요. 메가라 법령에 관해서는 말하고 싶지도 않소. 내가 아르키다모스를 과대평가한 탓이지. 쯧쯧.

재판 셋째 날

그리스 사회는 어떻게 바뀌었을까?

1. 아테네는 왜 시칠리아로 원정을 떠났을까?
2. 왜 아테네는 스파르타에 졌을까?
3. 그리스 사회는 어떻게 바뀌었을까?

교과연계

역사
Ⅶ. 통일 제국의 형성과 세계 종교의 등장
1. 페르시아 제국과 사산 왕조
(2) 페르시아가 다양한 문화를 통합하다

1

아테네는 왜 시칠리아로 원정을 떠났을까?

판사 지난 2차 공판에서는 펠로폰네소스 전쟁이 일어난 원인에 대해 알아보았습니다. 전쟁이 긴박하게 돌아가는 가운데 피고가 사망하고 아테네는 시칠리아로 원정을 떠나게 되었다고 들었는데요. 오늘은 그 이유에 대해 한번 살펴보지요. 피고 측 변호인, 이에 관해 증언할 증인을 신청했지요?

이대로 변호사 네, 제가 증인으로 신청한 분은 아테네에서 정치가로 명성을 떨쳤으나 불행히도 사형 선고를 받고 시칠리아 감옥에서 스스로 목숨을 끊은 사람입니다. 바로 아테네의 니키아스 장군이지요. 오늘 재판을 위해 어렵게 모셨는데요. 증인, 먼저 간단히 자기소개를 해 주세요.

니키아스 나는 아테네의 장군으로, 아티카 지역의 라우리움에 커

다란 은 광산을 가진 부자였소. 라우리움은 고대 지중해 세계에서 은광이 많던 지역이었지요. 나는 귀족 출신이 아니었는데도 장군으로 뽑힐 만큼 아테네 인들에게 인기가 많았소.

이대로 변호사 증인은 스파르타와의 관계를 그대로 유지하고자 했다고 알려졌는데요. 장군으로 뽑히고 몇 년 후 당시 스파르타에 대한 정책에 다른 의견을 갖고 있던 알키비아데스 장군으로 인해 본의 아니게 시칠리아 원정의 책임을 지게 됐더군요.

니키아스
플루타르코스는 그의 『영웅전』에서, 시칠리아 원정에서 스파르타의 길리포스 장군에게 패한 니키아스 장군이 시칠리아에서 사형을 당했거나 자살했을 것이라고 전합니다. 평소 니키아스 장군은 "나는 동포의 손에 죽느니 차라리 적의 손에 잡혀서 죽는 편을 선택하겠소"라는 말을 했다고 알려졌는데요. 싸움터에서의 죽음보다 명예를 중시한 그는 패배한 장군으로 아테네에 돌아가는 것을 두려워했다고 하지요.

니키아스 그렇소. 나는 스파르타와의 전쟁에 대해 줄곧 반대했어요. 나의 라이벌이자 스파르타와 전쟁을 해야 한다고 강력하게 주장했던 클레온이 전사하자, 나는 곧 기회를 잡아 '니키아스 화약(和約)'을 성립시켰소.

이대로 변호사 그래서 말인데요, 시칠리아 원정을 말하기에 앞서 장군의 이름을 딴 '니키아스 화약'이라는 말이 있던데 무슨 의미인가요?

니키아스 당시 우리 아테네는 흑사병으로 많은 전력을 잃었소. 계속되는 전쟁에 지쳐 하루빨리 전쟁을 끝내고 싶은 마음뿐이었지요. 당시 스파르타와의 평화 기운이 엿보이기는 했지만 전쟁을 일으키고자 했던 주전파 클레온이 아테네의 지도자로 있었기 때문에 전쟁은 계속되었소. 그러다 기원전 422년에 아테네군이 에게 해 북쪽의 암피폴리스 전투에서 패하고 클레온이 전사하면서 기원전 421년에 평화 협정이 체결되었어요. 그때 나의 공이 컸기 때문에 내 이름을 따서 그 협정을 '니키아스 화약' 또는 '니키아스의 평화'라고 부르게 되었소.

이대로 변호사 그런데 어떻게 스파르타가 니키아스 평화 협정을 받아들인 겁니까?

니키아스 앞서 이야기되었듯이 스파르타는 헬롯과 이웃 나라인 아르고스를 두려워했소. 평화 협정을 맺기 직전에 스파르타에서는 점점 더 많은 수의 헬롯들이 도망치고 있었고, 이웃 나라인 아르고스와 맺은 평화 조약도 점점 끝나 가고 있었지요. 스파르타는 오랜 고민거리였던 이 두 가지 이유 때문에 우리 아테네와 평화 협정을 맺은 것이오.

이대로 변호사 그러나 '니키아스 평화'는 오래가지 못했고, 아테네는 오히려 이 협정 때문에 많은 것을 포기해야 했다고 들었습니다. 증인의 소심하고 우유부단한 전략 때문에 아테네는 승리할 기회를 놓쳤고, 아테네에서 전쟁을 주장하는 자들이 다시 활개를 치게 되었다는 얘기도 있는데요. 이에 대해 어떻게 생각하십니까?

니키아스 그렇게 생각할 수도 있겠지요. 그런데 우리 아테네 군이 시칠리아에서 철수하려고 했을 때 갑자기 하늘에 떠 있던 달이 사라지는 일이 일어났소. 나중에 들어 보니 지구 그림자에 달이 가려진 월식이었다고 하더군요. 하지만 그때는 그런 줄도 모르고 그것이 신이 내린 불길한 징조라 믿어 제사를 지냈소. 그런데 그사이에 항구가 봉쇄됐고 군이 빠져나갈 길이 없어졌지요. 페리클레스 장군이 원

응?
왜들 저러지? 잠시 지구 그림자 뒤에 숨었을 뿐인데.
앗, 갑자기 달이 사라졌다!
이건 필시 불길한 징조야.
전쟁이고 뭐고 얼른 여기를 뜨자!
신이여, 노여움을 푸소서.
항구가 봉쇄되었다!
아이고, 독 안에 든 쥐 꼴이군!

했던 것처럼 아테네가 스파르타에게 두려운 존재로 인식되고 전쟁이 끝났다면 얼마나 좋았겠소? 그러나 아테네는 스파르타에게 더 이상 위협적일 수 없었지요. 그래요, 나는 전쟁을 승리로 이끌지는 못했소. 하지만 그리스에 평화를 되찾아 주고자 했던 나의 소신을 후회하지는 않소이다.

이대로 변호사 그렇게 전쟁을 반대했던 분이 기원전 415년에 왜 시칠리아로 원정을 갔나요?

니키아스 시칠리아에 원정을 가자고 제안한 주전파들은 시칠리아를 정복해서 아테네 제국에 포함시키려고 했소. 나는 당연히 반대했지요. 하지만 강력하게 주장하는 이들을 이겨 낼 수 없어서 어쩔 수 없이 시칠리아에 갔소.

이대로 변호사 그랬군요. 그러면 여기서 시칠리아 원정을 주도했고 주전파 지도자이기도 했던 알키비아데스 장군에게 당시의 상황을 들었으면 합니다.

판사 잠깐, 원고 측에서는 증인에게 신문할 내용이 있나요?

김딴지 변호사 없습니다.

판사 좋습니다. 그럼 증인 알키비아데스는 나오세요.

판사의 말이 떨어지기가 무섭게 방청석이 술렁였다. 조각같이 잘생긴 얼굴에 멋진 옷을 빼입은 알키비아데스가 증인석으로 향했기 때문이다. 증인 선서 후 자리에 앉은 알키비아데스는 자신만만한 표정으로 법정 안을 쭉 둘러보았다. 여성 방청객 몇몇은 알키비아데스

와 눈이 마주치자 발그레하게 얼굴을 붉혔다.

이대로 변호사 원조 꽃미남에 멋쟁이로 유명했던 증인이 나오니 여성 배심원분들의 눈이 초롱초롱해지는군요. 배심원 여러분, 증언은 객관적으로 판단해야 합니다! 아무튼 잘생긴 얼굴로 유명했을 뿐 아니라 소크라테스에게 학문을 배우고 페리클레스 장군을 후견인으로 두는 등 당시 '엄친아'로 통했던 증인이 시칠리아 원정은 어떻게 가게 되었나요?

알키비아데스 당연히 아테네를 위해서 갔지요. 당시 아테네의 모든 시민은 시칠리아 정복을 바라고 있었소.

이대로 변호사 혹시 더 많은 인기를 얻고 야심을 채우려는 욕심에 무모하게 시칠리아에 원정을 나간 것은 아닌가요?

알키비아데스 무모하다니요? 시칠리아를 정복하고 싶긴 했지만 우리가 먼저 가려던 것은 아니었소. 시칠리아 북서쪽의 세게스타와 레온티니가 먼저 우리에게 도움을 요청했지. 우리 아테네는 이 기회에 시칠리아를 식민지로 삼아 스파르타로 넘어가는 곡물을 차단하고, 우회적으로 스파르타를 무너뜨리고 싶었소.

이대로 변호사 그랬군요. 그런데 이상한 점은, 증인이 원정을 떠나려는 찰나에 신성을 모독했다는 이유로 고발당했다는 겁니다. 고발을 접수한 아테네에서 원정을 멈추고 돌아오라고 하자 증인은 스파르타로 망명했다던데요. 맞습니까?

알키비아데스 그렇소. 내가 함대를 이끌고 시칠리아로 떠나려고 하자 아테네 시 곳곳에 세워진 헤르메스상이 부서지는 일이 벌어졌지요. 아마 나를 믿지 않는 사람들이 꾸민 음모였을 거요. 내가 부순 것도 아닌데 아테네에서는 그 일의 책임을 나에게 묻는다고 하지 않겠소? 그래서 억울한 마음에 스파르타로 망명했소. 그리고 스파르타인들에게 아테네의 모든 계획을 말했지요. 그래서 아테네는 나를 대신해 니키아스 장군에게 시칠리아 원정을 맡겼고요.

이대로 변호사 아니, 그렇다고 해서 적에게 아테네의 전략을 폭로했다고요?

알키비아데스 그때는 나를 믿어 주지 않은 아테네에 분한 마음이 생겨서 그랬소. 게다가 나는 원래 스파르타처럼 과두정을 원했던 사람이오. 민주정 국가였던 아테네의 귀족들은 시민으로부터 도편 추방을 당하지 않을까 늘 전전긍긍했지요. 아테네의 귀족은 목숨과 재산을 희생해야 했고, 일반 시민들은 그것을 이용하는 사람들이었소. 뭐, 어찌 됐건 내 조국인 아테네로 돌아가고 싶은 생각이 간절하긴 했소. 조국은 나를 버렸지만 나는 아테네를 버린 적이 없다는 말이오.

"그 많은 시민 병사들의 목숨은 어쩌고? 늘 차고 넘치게 돈이 많았으면서 귀족들이 무슨 희생을 했다는 거야?"

"그러게! 페리클레스의 후광까지 얻어 풍족하게 살았으면서……. 잘생기면 다야? 배신자가 핑계도 좋군!"

알키비아데스의 발언에 방청석이 그가 등장할 때와는 다른 반응을 보였다.

이대로 변호사 증인은 아테네가 시칠리아 원정에 실패한 원인이 무엇이라고 생각합니까?

알키비아데스 그야 니키아스 장군이 게으르고 지도력이 허술하기 때문이지요. 다 이뤄 놓은 시칠리아 정복의 성과를 보잘것없던 스파르타의 장군인 길리포스에게 날름 내준 꼴이오. 니키아스 장군은 몹시 소심했소. 시민들의 신뢰를 잃을까 봐 신장병이 있다는 사실도 숨겼지요. 그리고 이미 원정군이 충분했는데도 대규모 원정군을 추가로 보내 달라고 요청했소. 한마디로 시칠리아 원정은 니키아스 장군 때문에 실패한 거요. 내가 갔더라면 시칠리아를 정복하고 스파르타를 무너뜨려서 결국 펠로폰네소스 전쟁을 아테네의 승리로 이끌었을 거요.

이대로 변호사 증인이 시칠리아 원정단을 이끌었으면 과연 어떻게 되었을지는 판단하기 어려운 문제이지만…… 어쨌든 아테네는 시칠리아 원정에 실패하고서 큰 타격을 입었습니다. 이 타격이 나머지 10년간의 펠로폰네소스 전쟁에 많은 영향을 준 게 사실이지요. 이상입니다.

판사 지금까지 알키비아데스 장군의 증언을 잘 들었습니다. 증인은 들어가도 좋습니다.

2

왜 아테네는 스파르타에 졌을까?

판사 아테네군이 시칠리아 원정에 실패한 것이 펠로폰네소스 전쟁의 승패를 가름하는 원인이 되었다는 알키비아데스 장군의 증언을 들었습니다. 그렇다면 다시 펠로폰네소스 전쟁에 대해 알아볼까요? 원고 측 변호인이 먼저 말씀하세요.

김딴지 변호사 네. 펠로폰네소스 전쟁을 승리로 이끈 스파르타의 리산드로스 장군을 증인으로 불러, 펠로폰네소스 전쟁에서 스파르타가 승리한 이유에 대해 듣고자 합니다.

판사 좋습니다. 증인은 증인석으로 나오세요.

판사의 부름에 리산드로스가 성큼성큼 증인석으로 걸어 나와 한 손을 들고 선서를 했다.

김딴지 변호사 간단히 자기소개를 하시고, 펠로폰네소스 전쟁 당시의 상황에 대해 설명해 주시지요.

리산드로스 나는 펠로폰네소스 전쟁이 끝나 갈 무렵에 스파르타의 해군 사령관이 된 리산드로스요. 우리 스파르타는 아테네가 시칠리아 원정의 실패로 큰 타격을 입었기 때문에 우리에게 곧 휴전을 제안해 올 거라고 믿었소. 그런데 아테네가 추방시켰던 알키비아데스 장군을 다시 받아들여 총사령관으로 세우면서 상황이 달라졌소. 알키비아데스는 짧은 시간에 아테네 해군을 강화시켜 곧 전력이 스파르타군과 비슷해졌소. 우리는 다시 위기를 느꼈지. 그런데 마침 페르시아의 왕자인 키루스가 우리를 돕겠다고 제안해 왔소.

김딴지 변호사 페르시아에서요? 키루스 왕자가 스파르타에 어떤 도움을 주었나요?

리산드로스 돈을 주었소. 우리는 키루스 왕자의 도움으로 병사들의 봉급을 올려 줄 수 있었지요. 이 소식을 들은 아테네 함대의 병사들은 밤에 떼를 지어 몰려왔소. 알키비아데스 장군도 아테네 군사들의 사기를 북돋아 주고자 군비를 마련하러 포카이아로 갔지요. 해군의 지휘권을 안티오코스에게 맡기고 말이오. 그사이에 어리석은 안티오코스가 우리에게 도전해 왔소. 그래서 우리는 전 함대에 출동 명령을 내렸고, 알키비아데스가 없는 아테네군은 힘 한번 쓰지 못했소. 결국 아테네군은 노티온 전투에서 우리에게 패했지요.

김딴지 변호사 그럼 스파르타에게는 아테네 본토를 정복하는 일만 남아 있었겠군요?

펠로폰네소스 전쟁 기간(기원전 431~기원전 404)에 일어난 주요 전투		
기원전 422년	암피폴리스 전투	스파르타 승
기원전 415년	시칠리아 해전	스파르타 승
기원전 406년	노티온 전투	스파르타 승
기원전 406년	아르기누사이 해전	아테네 승
기원전 405년	아이고스포타미 전투	스파르타 승

리산드로스 아니오. 그때 나는 임기가 끝나서 다시 스파르타로 돌아왔소. 나를 대신해 칼리크라티다스가 새로운 사령관이 되었지요. 그런데 칼리크라티다스가 이끄는 스파르타군은 기원전 406년에 아르기누사이 해전에서 아테네에 패했고, 그때 칼리크라티다스도 전사했어요. 델로스 동맹에서 탈퇴하고 우리 편이 되려던 나라들은 스파르타에 사신을 보내 나를 다시 총사령관으로 임명하라고 야단이었소. 그 때문에 나는 다시 부사령관이 되어 에페수스로 왔지요. 아무튼 나의 인기는 대단했소.

김딴지 변호사 하하, 그랬군요. 그럼 증인은 다시 에페수스로 와서 어떻게 했나요?

리산드로스 나는 페르시아의 키루스 왕자 덕분에 더 많은 군자금을 확보할 수 있었소. 그래서 스파르타의 해군력을 강력하게 만들었고, 한동안 가만히 아테네의 동태를 살폈지요. 아테네 해군은 우리 스파르타군이 아무 움직임이 없으니 우리를 비웃으며 경계를 늦추

었소. 그렇게 아테네군이 나태해진 틈을 타 기원전 405년에 아이고스포타미 전투를 벌였지요. 우리는 아테네 함대 180척을 모조리 빼앗았고 3000명을 포로로 잡았소. 결국 우리 스파르타의 승리로 간단히 끝난 거요.

김딴지 변호사 그렇다면 아테네 본토는 언제 공격했나요?

리산드로스 일단 우리는 아테네로 가는 흑해 연안의 곡물 수송로를 봉쇄했소. 얼마 지나지 않아 식량이 부족해 아테네 시민들이 비참한 상태에 놓였다는 소식이 들려왔지요. 우리는 피레에프스 항구로 가서 아테네의 항복을 받아 냈소. 12척을 제외한 아테네의 모든 함대를 빼앗고 성벽을 허물었지요. 그때가 기원전 404년 3월 16일이었는데, 이날은 아테네가 기원전 480년에 살라미스 해전에서 페르시아군을 격파했던 날과 같았지요. 아테네 시민들은 그때의 승리를 떠올리며, 그날 우리 스파르타에게 패배한 것을 너욱 슬퍼하더군요.

김딴지 변호사 잘 알겠습니다. 증인의 말에 의하면 스파르타군은 페르시아의 재정적인 도움을 받았고, 에게 해 주변국을 끌어들여 아테네를 봉쇄해 결국 무너뜨렸다는 것이군요. 방청객과 배심원 여러분도 이제 아테네의 과도한 욕심 때문에 펠로폰네소스 전쟁이 일어나게 되었다는 것과 그 결과 아테네는 스스로 파멸하고 스파르타는 빛나는 승리를 거두었다는 것을 알게 되었으리라 생각됩니다.

판사 피고 측 변호인, 반대 신문 하겠습니까?

이대로 변호사 리산드로스 장군은 어디까지나 원고 측의 증인입니다. 그의 증언으로는 아테네가 패배하게 된 이유를 객관적으로 판단할 수 없다고 생각합니다. 다시 알키비아데스 장군을 증인으로 불러 몇 가지 더 묻고자 합니다.

판사 좋습니다.

판사가 고개를 끄덕이자, 알키비아데스가 다시 증인석으로 걸어나왔다.

이대로 변호사 증인, 아테네가 전쟁에서 패한 것에 대해 하실 말씀이 많을 것 같은데요. 아테네가 노티온 전투에서 패배하기 전후의 상황을 말해 주시겠습니까?

알키비아데스 그러지요. 안티오코스의 철없는 행동 때문에 노티온 전투에서 패하자, 나는 다시 아테네에서 추방당했소. 정말 어처구니없는 일이지요. 당시 리산드로스 장군은 페르시아의 지원을 받아 병사들에게 하루에 4오볼을 주었지만, 우리 아테네는 병사들에게 3오볼도 줄 수 없는 형편이었소. 그래서 내가 군자금을 구하러 포카이아로 간 거였는데, 그새 노티온 전투가 일어나 패한 거요. 내가 다시 돌아올 때까지 가만히 있으라고 했는데 안티오코스가 말을 듣지 않아서…….

이대로 변호사 증인이 자리를 비운 사이에 전쟁이 일어나 패했으니 매우 안타까웠겠군요. 그 후에 아테네는 어떻게 되었나요?

알키비아데스 다행히 아르기누사이 전투에서 승리를 거두었소. 스파르타군을 전멸시키다시피 했지요. 아테네군은 155척의 함대 중에 25척만 잃었으니 엄청난 승리를 거둔 것이오. 그런데 문제는 아테네의 민회가 아르기누사이 전투에 참전했던 여덟 명의 유능한 장군을 모두 사형시켰다는 거요. 아테네를 위해 싸울 유능한 인재들이 모두 죽은 거지요.

이대로 변호사 아니, 나라의 인재들을 처형하다니, 아테네 인들은 왜 그런 어처구니없는 짓을 했을까요? 대체 그들이 무슨 죄를 지었습니까?

알키비아데스 그리스 인들에게는 전쟁에서 죽은 자를 묻어 주는

것이 생존자를 구조하는 것만큼이나 중요한 일이었소. 그런데 아르기누사이 전투가 끝나고 폭풍이 몰아치는 바람에 아테네군은 전사한 병사들의 시신을 제대로 거두지 못했소. 그래서 아테네 민회는 아르기누사이 전투에 참전했던 모든 장군에게 그 책임을 물었고, 단 한 번의 표결로 모두에게 사형을 선고했지요.

이대로 변호사 아무리 전통이라지만 씁쓸한 일이군요.

아테네에 그런 사정이 있긴 했지만 스파르타 역시 아르기누사이 전투에서 패배해 크게 낙담하고 있었을 텐데요. 어떻게 다시 스파르타가 승리하게 되었나요?

알키비아데스 아르기누사이 전투에서 스파르타의 장군 칼리크라티다스가 죽었소. 그래서 페르시아의 앞잡이나 마찬가지였던 리산드로스 장군이 스파르타군의 지휘권을 얻었지요. 리산드로스 장군은 페르시아로부터 돈을 지원받았소. 그래서 기원전 405년에 아테네와의 마지막 전투였던 아이고스포타미 전투에서 승리할 수 있었지요. 그리고 기원전 404년에 아테네로 쳐들어왔고……. 그러니까 아테네와 스파르타가 기원전 431년부터 27년 동안 치른 펠로폰네소스 전쟁은 결국 페르시아의 도움을 받은 스파르타의 승리로 끝난 거요.

이대로 변호사 스파르타가 페르시아의 도움을 받지 않았다면 아테네가 전쟁에서 이길 수도 있었겠군요. 잘 들었습니다. 증인 신문을 마치겠습니다.

그리스의 화폐

그리스에서는 기원전 7세기부터 화폐를 사용했습니다. 최초의 화폐는 쇠꼬챙이 모양이어서 그리스 어로 '꼬챙이'를 의미하는 '오볼'이라고 불렸지요. 스파르타는 리쿠르고스의 사치와 부패를 막으려던 방책 이후에 계속 이 화폐를 사용했습니다. 반면 아테네는 은광을 발견하고 나서 은으로 오볼을 만들었습니다. 이 동전의 앞면에는 올리브 나뭇잎으로 장식한 투구를 쓴 아테네의 수호신 아테나의 두상을 새겼고, 뒷면에는 아테나를 상징하는 새인 올빼미, 초승달, 올리브 나뭇가지, 아테네라는 도시 이름을 새겼지요. 아테네는 펠로폰네소스 전쟁으로 인해 국고가 바닥나고 광산이 스파르타 군대에 의해 점령당했을 때 순금 동상을 녹여 돈을 주조했습니다. 하지만 그것도 바닥이 나자 청동으로 동전을 만들기도 했습니다. 현재 그리스는 유로를 사용하지만 과거에는 '드라크마'를 사용했습니다. 1드라크마가 6오볼 정도입니다. 1드라크마는 우리나라 돈으로 4원 정도의 가치이지요. 그러니까 3오볼은 우리나라 돈으로 2원 정도의 가치를 가졌다고 할 수 있습니다.

3 그리스 사회는 어떻게 바뀌었을까?

판사　그렇게 해서 결국 스파르타가 펠로폰네소스 전쟁에서 승리를 거두었군요. 그럼 스파르타가 아테네를 점령한 후 그리스 인들이 원했던 자유와 평화가 찾아왔나요? 이제부터 양측은 이 문제에 관해 변론하세요.

이대로 변호사　제가 먼저 하지요. 스파르타가 아테네를 물리친 후 델로스 동맹은 해산되고 함선은 몰수되었습니다. 그리고 피레에프스와 아테네를 둘러싼 장성은 모두 파괴되었지요. 스파르타의 리산드로스 장군은 아테네의 동맹 도시를 휩쓸면서 남자들을 죽이고 여자들과 아이들은 노예로 팔았습니다. 그는 아테네 제국을 자신이 지배하는 스파르타 제국으로 만들려 했고, 각 도시의 이름을 자신의 이름을 따 리산드레이아로 바꿀 정도로 강력한 권한을 가지게 되었

리산드로스는 아테네의 동맹 도시를
휩쓸면서 남자들을 죽이고 여자들과
아이들은 노예로 팔았습니다.

각 도시의 이름을 자기 이름을 따 리산드레이아로
바꿀 정도로 강력한 힘을 가졌지요.

스파르타 왕들조차
리산드로스를 싫어할
정도였답니다.
왕까지 견제할
정도였다니
리산드로스의 권력이
엄청났나 보군요.
법

내가 뭘 잘못했다고
저러는 거야?
뭐야, 아깐
인기 많았다더니
순 뻥이었네!
꽝

습니다. 스파르타의 왕들조차 리산드로스를 싫어할 정도였다고 하지요.

판사　자국의 왕까지 견제할 정도였다니, 당시 리산드로스의 권력이 엄청났나 보군요.

이대로 변호사　그렇습니다. 리산드로스는 계속해서 소아시아의 여러 그리스 도시국가들을 점령했고 페르시아에서도 많은 그리스 도시들을 점령하여, 이전의 아테네 제국의 속국들은 스파르타나 페르시아의 지배에 놓이게 되었습니다. ▶도시국가들은 스파르타의 지원을 받은 과두정에 의해 지배받고 스파르타에 공납을 바쳐야 했지요. 그리스에 평화가 오기는커녕 그 어떤 도시국가도 자유를 누릴 수 없게 됐습니다. 여러분, 스파르타가 그렇게 기를 쓰고 전쟁에서 이긴 후에 한 짓이라고는 그리스 인들을 더욱 불행하게 만든 것뿐이었습니다. 이해가 되십니까?

김딴지 변호사 이의……!

이대로 변호사의 변론을 듣던 김딴지 변호사가 인상을 쓰며 자리에서 벌떡 일어났다. 하지만 이대로 변호사는 이를 못 본 체하며 재빨리 말을 이었다.

이대로 변호사 아테네가 패하자 이웃 나라인 테베와 코린트는 아테네를 아예 멸망시키자고 했습니다. 스파르타는 그 대신에 자신들의 감시 아래 '30인 참주정 체제'로 아테네를 다스리게 하고 아테네 인들을 노예로 팔아 힘든 노역을 시켰지요. 아테네의 30인 참주정은 민주정의 지도자와 부자들의 재산을 압류하고 그들을 죽이기까지 했습니다. 아테네의 과두주의자들은 평소에 민주정을 경멸하고 스파르타와 같은 과두정을 바라던 친스파르타 세력이었으니까요. 이전까지의 아테네는 조금이라도 참주가 될 가능성이 있는 사람들은 모두 도편 추방하는 등 참주들의 세력을 누르기 위해

교과서에는

▶ 펠로폰네소스 전쟁에서 승리한 스파르타는 그리스 세계의 패권을 장악했습니다. 그러나 스파르타의 폐쇄적인 군국주의가 다른 도시국가들 사이에 반발을 불러왔고, 스파르타도 테베와의 전쟁에서 패했습니다. 이후 그리스 세계에는 내분이 끊이지 않았지요.

감시를 늦추지 않았지만, 이 시기에는 스파르타를 등에 업은 세력이 정권을 잡아 휘둘렀지요.

판사　아테네가 자랑하던 민주 정치를 할 수 없었다니, 스파르타의 속국이 된 거나 마찬가지였겠네요. 그리스를 대표하는 강대국의 지위를 완전히 잃어버린 것인가요?

이대로 변호사　네, 아테네가 펠로폰네소스 전쟁에서 패배한 뒤 그리스의 지배자 지위에서 물러나고 한동안 경제적으로도 어려운 상황에 처하게 되었던 것은 사실입니다. 하지만 여전히 강력한 폴리스 중의 하나임은 틀림없었지요. 과두정에 반대한 민주파 트라시불로스 장군과 그 무리들은 아테네의 재건을 위해 노력했습니다.

판사　트라시불로스 장군이라고요? 그는 어떤 일을 했나요?

이대로 변호사　트라시불로스 장군은 테베로 탈출해 민주파와 애국파를 모아 작은 군대를 만들었습니다. 그리고 기원전 403년 스파르타군과 싸워 드디어 민주정을 재건하였지요. 그들은 함대를 이전 상태로 복귀시키고, 방벽을 다시 세워 아테네의 독립을 회복했습니다.

판사　스파르타에 패배한 아테네가 1년 만에 민주정을 회복했군요.

이대로 변호사　네. 트라시불로스 장군을 비롯해 망명한 아테네 인들이 포기하지 않고 노력한 결과였죠. 아테네 인들의 저력이 끝까지 살아남은 것입니다. 아무리 강력한 스파르타라고 해도 아테네의 위대한 민주정의 정신만큼은 꺾지 못한 것이지요.

판사　흠, 그렇다고 볼 수 있겠군요.

이대로 변호사　한편 스파르타는 리쿠르고스의 법에 따라 사용이

페르시아의 금화, 다릭

금지되었던 금화를 쓰기 시작했고, 개인이 재산을 소유하는 것을 허용하면서 멸망의 길을 걷게 되었습니다.

판사 금화라뇨?

이대로 변호사 펠로폰네소스 전쟁 말기에 페르시아가 스파르타를 재정적으로 지원하면서 '다릭'이라는 페르시아의 금화가 스파르타에서 다량으로 통용되었습니다. 그 때문에 스파르타는 지금까지 유지해 온 규율과 제도가 무너지게 되었지요. 게다가 고질적으로 인력이 부족했던 스파르타는 동맹국들을 통제하기 위해 헬롯에게까지 수비대의 임무를 맡겼습니다. 결국 위계가 흐트러진 스파르타가 무너지는 것은 당연한 수순이었지요.

이대로 변호사의 변론을 들으며 지난날을 돌아보는 듯 눈을 지그시 감고 있던 페리클레스가 조용히 자리에서 일어나 말했다.

페리클레스 잠깐, 나도 한마디 하고 싶구려. 민주정이 지배하던 아테네는 과두정이 지배하던 다른 나라와는 확실히 달랐소. 시민은 다스리는 자인 동시에 다스림을 받는 자였지요. 아테네 인들은 스스로의 결정에 따랐소. 아테네를 위대하게 만든 것은 바로 이 점이오. 펠로폰네소스 전쟁에서 스파르타의 승리는 일시적인 것일 뿐, 결과적으로 스파르타 자국의 멸망과 그리스의 분열만을 초래했소.

이대로 변호사 그렇습니다! 원고 측은 아테네가 전쟁에서 스파르

스파르타의 승리는 결과적으로 그리스의 분열과 멸망만을 가져왔어요.

그렇습니다! 펠로폰네소스 전쟁의 결과가 어땠습니까?

그리스 인 모두 가난해져서, 외국 군대에 용병으로 가서 생계를 이어야 할 지경이었지요.
윽!
나도 말 좀 하자!

타에게 패배한 이유가 아테네의 민주정 때문이라고 생각하지만 그것은 잘못된 판단입니다. 아르키다모스 왕이 스파르타가 승리했다는 것을 구실로 페리클레스 장군에게 소송을 건 것은 처음부터 잘못된 일입니다. 펠로폰네소스 전쟁의 결과가 무엇입니까? 그리스 인들은 모두 가난해져서 결국 외국 군대의 용병으로 가서 생계를 이어야 할 지경에 이르렀…….

지금껏 입을 벙긋거리며 끼어들 틈만 노리던 김딴지 변호사가 책상을 쿵 치고 일어섰다. 이대로 변호사가 흠칫 놀라 말문이 막힌 사이, 김딴지 변호사가 재빨리 말했다.

김딴지 변호사 존경하는 판사님, 물론 스파르타가 전쟁에서 승리했으나 그 영광이 오래가지 못한 것은 사실입니다. 그러나 원고가 소송을 제기한 이유는 그러한 결과만을 놓고 스파르타를 역사 속의 하찮은 국가로 여기는 것을 더 이상 참을 수 없었기 때문입니다. 분명히 민주정을 발전시킨 아테네와 다른 길을 걸었지만, 스파르타 또한 나름의 정치 체계를 갖추고 그리스의 평화를 위해 노력했던 훌륭한 국가였습니다. 저는 이 자리에서 분명히 밝히고 싶습니다. 그리스 인들을 아테네 제국의 지배에서 해방시킨 것은 스파르타였습니다. 이 사실만으로도 스파르타의 위대함이 입증되리라 생각합니다. 이상입니다.

판사 잘 알겠습니다. 시간이 다 되어 이것으로 3차 공판을 마치고자 합니다. 한꺼번에 여러 이야기를 들으니 정리할 시간이 좀 필요하군요. 잠시 휴정한 후에 양측의 최후 진술을 듣도록 하겠습니다.

땅, 땅, 땅!

30인 참주정

펠로폰네소스 전쟁에서 패한 아테네는 기원전 404년부터 1년간 스파르타의 장군 리산드로스의 후견 아래 민주 정치를 폐지하고, 크리티아스와 테라메네스 등을 대표로 한 30명의 참주 정치 체제를 수립했습니다. 펠로폰네소스 전쟁이 스파르타의 승리로 끝나자, 스파르타 주둔군의 도움을 받은 30인이 아테네를 지배하던 민주정을 없애고 과두정을 세운 것이지요. 이때 온건파인 테라메네스가 물러나고 크리티아스가 정권을 잡자, 극단적인 정치를 수행하여 민주파 시민 1500여 명이 살해되고 다수가 추방되거나 재산을 몰수당하는 등 공포 정치가 시행되었습니다. 오래전부터 민주정을 반대하고 스파르타의 과두정을 흠모하던 귀족 세력들로 구성된 30인의 과두주의자들은 시칠리아 원정이 실패한 이후 계속해서 쿠데타를 노리다가 펠로폰네소스 전쟁이 끝나자 스파르타의 도움을 얻어 이러한 정치 체제를 꾸린 것입니다.

다알지 기자

안녕하십니까, 법정 뉴스의 다알지 기자입니다. 아르키다모스 대 페리클레스의 3차 공판이 지금 막 끝났습니다. 오늘 펠로폰네소스 전쟁에서 스파르타가 승리한 데 대해 양측 변호사가 아주 치열한 공방을 벌였고, 또한 그 어느 날보다 증인들이 다양한 주장을 펼쳤는데요. 아주 흥미로웠습니다. 지금부터 양측 변호사에게 오늘 재판에 대한 소감을 묻겠습니다. 자, 마지막으로 오늘 재판에 대해 한 말씀씩 해 주시지요.

김딴지 변호사

오늘 재판에서 여러분은 아주 중요한 사실을 알게 되었을 겁니다. 바로 아테네의 과도한 욕심 때문에 펠로폰네소스 전쟁이 일어났고, 그 전쟁에서 스파르타가 승리를 거두었다는 것이지요. 물론 펠로폰네소스 전쟁에서 승리한 스파르타의 영광이 오래가지 못한 것은 인정합니다. 하지만 원고 아르키다모스가 소송을 제기한 진짜 이유는, 후대 사람들이 아테네의 민주정만을 높이 평가하고 스파르타를 아테네에 비해 하찮은 국가로 여기는 것을 더 이상 참을 수 없었기 때문입니다. 스파르타는 민주정을 발전시킨 아테네만큼이나 나름의 정치 체계를 갖추고 그리스의 평화를 위해 노력했던 훌륭한 국가였거든요. 이 점을 다시 한 번 강조하고 싶네요.

이대로 변호사

아테네와 스파르타가 치른 펠로폰네소스 전쟁은 스파르타의 승리로 끝났습니다. 하지만 그것은 스파르타가 페르시아의 도움을 받았기 때문이지, 스파르타가 아테네보다 뛰어난 국가였기 때문은 아니지요. 게다가 전쟁이 끝난 후에 그리스에 평화가 도래하기는커녕 그리스의 그 어떤 도시국가도 이전과 같은 자유를 누릴 수 없게 됐습니다. 스파르타는 '30인 참주정 체제'로 아테네를 다스리려 했고, 아테네 인들을 노예로 팔아 힘든 노역을 시켰지요. 하지만 아이러니하게도 이것이 추후에 아테네의 민주정을 더욱 발전시키고 위대하게 만드는 발판이 되었어요. 이래서 역사란 긴 시간의 흐름 속에서 파악해야 한다는 말이 있는 게 아니겠습니까? 하하.

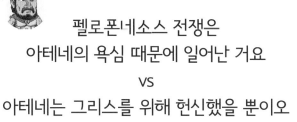

펠로폰네소스 전쟁은 아테네의 욕심 때문에 일어난 거요
vs
아테네는 그리스를 위해 헌신했을 뿐이오

판사 그동안 3차에 걸친 공판을 진행하면서 모두 나름대로 생각을 정리했으리라 생각됩니다. 이 시간은 최종 판결에 앞서 진술할 수 있는 마지막 기회입니다. 원고와 피고 모두 신중하게 진술하기를 바랍니다. 그럼 먼저 원고의 진술을 듣겠습니다.

아르키다모스 먼저 나를 비롯한 스파르타 인들의 명예를 되찾아 주고자 애쓴 김딴지 변호사에게 감사의 말을 전하오. 지금껏 재판에서 여러 번 말했지만, 우리 스파르타는 아테네가 동맹국의 희생을 밑거름 삼아 혼자 풍족하게 사는 것을 더 이상 두고 볼 수 없었소이다. 아테네는 다른 동맹국들이 모은 기금으로 자신들만 풍요로운 생활을 누렸소. 게다가 거기에 만족하지 못하고 우리가 사는 펠로폰네소스 반도를 비롯해 서북부 지역인 시칠리아에도 눈독을 들였지요.

전쟁이 왜 일어났겠소? 펠로폰네소스 전쟁은 전적으로 아테네 인들이 제국을 건설하려는 욕심을 포기하지 못해 일어난 결과요. 배심원 여러분과 판사님은 이 점을 꼭 명심해서 현명한 판단을 내려 주기를 바랍니다.

판사 잘 들었습니다. 피고 페리클레스는 진술해 주세요.

페리클레스 에헴. 나 역시 이대로 변호사가 나를 대신해 열심히 변론을 펼친 데 대해 깊이 감사하오. 지금껏 많은 말이 오갔으니 내 짧게 이야기하지요. 델로스 동맹의 지도자 국가로서 아테네가 모범을 보이지 않았다면 어떻게 여러 도시국가들이 우리 아테네를 믿고 그 일을 맡겼겠소? 아테네는 페르시아가 그리스를 침략해 올 것을 대비해 거둬 둔 델로스 동맹의 공납금을 결코 헛되이 사용한 적이 없소이다. 우리 아테네 인은 목숨을 걸고 페르시아의 침략으로부터 그리스의 자유와 평화를 지키기 위해 노력했어요. 그런데 이제 와서 나에게 책임을 묻다니 이렇게 당황스러울 수가 있나……. 조국 아테네와 그리스를 위해 헌신한 내가 무엇을 잘못했다는 거요? 나는 나 자신이 모범적인 지도자였다고 확신하오. 존경하는 판사님과 배심원 여러분, 부디 올바른 평가를 내려 주십시오.

판사 피고 측의 최후 진술까지 잘 들었습니다. 지금까지 재판에 성실히 임해 준 원고 측과 피고 측, 그리고 배심원과 방청객 여러분에게 감사하다는 말을 전합니다. 배심원단의 판결서는 4주 후에 나에게 전달될 예정입니다. 그날 이 자리에서 판결서를 공개하겠습니다. 그동안 모두 수고하셨습니다. 이것으로 본 재판을 마칩니다.

땅, 땅, 땅!

역사공화국 세계사법정 재판 번호 06 아르키다모스 VS 페리클레스

주문

역사공화국 세계사법정은 스파르타의 아르키다모스 왕이 아테네의 페리클레스 장군을 상대로 제기한 명예 훼손에 의한 정신적 손해 배상 청구를 기각한다.

판결 이유

원고는 피고가 스파르타와 자신의 명예를 훼손했다고 주장했다. 원고인 스파르타의 왕 아르키다모스는 아테네의 페리클레스가 민주정을 외치면서 다른 동맹국들을 속이고 아테네의 이익만을 추구했기 때문에 펠로폰네소스 전쟁을 일으킨 것이며, 스파르타가 승리한 것은 그리스 인들에게 자유를 되찾아 준 명예로운 일이라고 주장하였다.

그러나 재판에서 나온 증거와 증언, 변론을 종합해 볼 때 아르키다모스 왕이 이러한 불만을 갖도록 만든 것이 페리클레스의 고의였다고 보기는 어렵다고 판단된다. 또한 오늘날 사람들이 스파르타의 다양한 면들을 알지 못한 채 '공포의 교육'이니 '구성원의 90퍼센트가 노예였고 10퍼센트의 시민이 이들을 다스린 통제 국가'라는 이미지만을 갖게 된 것도 아테네의 책임은 아니라고 본다. 따라서 피고 페리클레스가

원고 아르키다모스의 명예를 훼손했다고 보기 어렵다는 것이 본 법정의 판단이다.

하지만 이번 재판이 그리스의 도시국가 가운데 아테네만큼이나 강력한 영향력을 가졌었고 아테네의 민주정에 비견할 만한 정치 체제를 갖춘 나라였던 스파르타에 대해 다시금 생각해 보는 계기가 되었기를 바란다. 원고 아르키다모스가 제기한 이 소송이 스파르타에 대한 우리의 왜곡된 시선을 바로잡는 데 의미가 있을 것으로 예상한다. 그러므로 원고는 비록 패소하였지만, 지금껏 가졌던 억울함을 풀고 같은 그리스의 나라였던 아테네와 역사공화국에서는 서로 화합하며 지내기를 바란다.

역사공화국 세계사법정 담당 판사 명판결

에필로그

"촬영 감독? 지금 빨리 사무실로 와 줘야겠어. 특종이 있거든!"

재판이 끝나고 아무도 없는 방송국 사무실로 돌아온 다알지 기자는 구석의 허름한 소파에 몸을 기댔다. 소파 옆의 탁자에는 지금껏 인터뷰를 준비하느라 읽었던 참고 자료와 메모지들이 수북이 쌓여 있었다.

'똑똑.'

늦은 밤 고요한 사무실의 정막을 깨는 노크 소리가 들리자, 다알지 기자는 깜짝 놀라 소파에서 굴러떨어졌다.

"아이코, 허리야……. 누구세요? 열려 있으니 그냥 들어오세요!"

"허허, 안녕하시오, 다알지 기자. 취재하느라 수고가 많지요? 늦은 시간에 미안하오. 나, 크세노폰이오."

첫째 날 재판에 증인으로 나와 아테네와 스파르타에 대해 증언한 크세노폰이 성큼성큼 사무실 안으로 들어왔다. 의외의 방문에 다알지 기자는 허리의 아픔도 잊은 채 자리에서 벌떡 일어나 크세노폰을 맞았다.

"아이고, 크세노폰 씨, 잘 지내셨어요? 재판도 다 끝난 마당에 어쩐 일로 이렇게 찾아오셨는지……. 일단 여기에 좀 앉으시지요."

"허허, 고맙소. 내가 이렇게 다알지 기자를 찾아온 이유는…… 그게…… 저, 지난 재판에서 양측 변호사가 나한테 아테네와 스파르타의 생활상에 대해서만 질문해서 말이지…… 내가 하고 싶은 말을 다 못했거든요. 다알지 기자도 내가 페르시아 키루스 왕자의 용병대장이었던 것은 알고 있지요?"

"그럼요, 물론입니다. 재판에 나오는 증인들에 대해 속속들이 알아보는 것 또한 재판을 취재하는 기자로서 마땅히 할 일인걸요. 크세노폰 씨가 아테네에서 소크라테스의 제자로 있을 무렵이던가요…… 페르시아의 키루스 왕자가 소아시아 지방의 피시디아 족을 응징하기 위해 원정 나갈 때 그리스 용병을 모집한다는 말을 듣고 크세노폰 씨도 참전하지 않았습니까? 결국 그 원정이 키루스 왕자의 형인 아르타크세르크세스 2세에 대항하는 것이었지만 말입니다."

"잘 알고 있군요. 사실 나는 그 전쟁이 아르타크세르크세스 2세와 거대한 페르시아 제국을 상대로 벌이는 거라는 걸 뒤늦게 알았소. 뭐, 좀 당황하긴 했지만 마음을 다잡고 열심히 싸웠지요. 만약 키루스 왕자가 기원전 401년 쿠낙사 전투에서 전사하지만 않았어도 승리했을 거요. 다 이긴 줄 알았던 전투에서 대장을 잃어버렸으니 우리는 다시 그리스로 돌아올 수밖에 없었지요. 어찌나 아쉽던지, 쩝."

"아쉬운 마음은 잘 알겠지만, 설마 그 얘기를 하려고 이 밤중에 저를 찾아온 건 아니겠죠?"

다알지 기자가 손에 들고 있던 취재 수첩을 탁자에 놓고 고개를 갸우뚱거리자, 크세노폰은 어색한 웃음을 지으며 재빨리 말을 이었다.

"허허, 기자 양반, 성질도 급하네그려. 내가 다알지 기자를 찾아온 이유는 그리스 인으로서 펠로폰네소스 전쟁에서 스파르타가 승리를 거두는 바람에 그리스 전체가 쇠망한 데 대한 안타까움을 전하기 위해서요. 나는 페르시아군의 용병이 되었을 때 페르시아군들을 자세히 살펴볼 수 있었소. 수적으로 많았다는 점만 빼면 그들은 그리스군에 상대가 안 될 만큼 허약한 군대였지요. 경무장한 페르시아군이 중무장한 그리스군을 이길 수는 없었을 테지요. 페르시아 군대의 허점을 미리 알았던들 우리가 그렇게 허망하게 지지는 않았을 거요. 객관적인 시각으로 돌아보자면 펠로폰네소스 전쟁은 일어날 필요가 없었지요. 정말 안타까운 일이오."

"흠, 객관적인…… 시각이라고요? 그럼 원정에 실패한 후 크세노폰 씨의 스승이었던 소크라테스가 처형당하자 당시 스파르타의 왕이었던 아게실라오스와 친하게 지낸 것은 뭡니까? 아테네를 배신하고 스파르타 편을 들어 놓고 이제 와서 펠로폰네소스 전쟁에서 스파르타가 승리한 게 안타깝다고 하니 이해하기 어렵네요."

다알지 기자가 팔짱을 낀 채 크세노폰을 바라보자, 크세노폰은 당황해서 눈을 내리깔았다. 하지만 이내 마음을 다잡고 고개를 절레절레 흔들면서 힘 있는 목소리로 말했다.

"아니, 아니, 그건 스파르타의 아게실라오스 왕이 정말 존경할 만한 군주였기 때문이오. 적국이라면 적국인 스파르타의 왕이었지만, 절로 따르고 싶은 마음이 들게 하는 사람이었지요. 게다가 아테네에서 민주 정치를 한다는 사람들이 나의 스승인 소크라테스를 억울한 누명을 씌워 죽였으니…… 내가 어찌 아테네의 민주정을 혐오하지 않을 수 있었겠소?"

"뭐, 그건 이해가 가긴 하는데……. 스파르타를 편들었던 이유가 스파르타가 당신에게 저택과 영지를 제공해서 그런 건 아니고요? 아, 비꼬려는 건 아닙니다. 아무튼 그렇게 스파르타를 좋아했던 분이 펠로폰네소스 전쟁에 대해 아쉬워하는 이유가 대체 뭔가요? 들어나 보죠."

"무엇보다 펠로폰네소스 전쟁 이후에 페르시아군이 그리스 각 지역을 차지하게 된 것이 제일 아쉽소. 페르시아군의 허점은 그리스군에 비해 무장이 약했다는 것 말고 또 있소. 병력이 분산되어 있는 데다 연락선이 길었고, 온갖 식민지에서 모여든 군사들로 조직되어 충성도가 낮았다는 점이지요. 만약 펠로폰네소스 전쟁이 일어나기 전에 그리스 인들이 똘똘 뭉쳐 대항했다면 그리스 인들끼리 그런 어처구니없는 전쟁을 벌이지는 않았을 거요."

크세노폰의 말을 듣고 다알지 기자는 눈을 반짝였다. 그는 펜을 들어 취재 수첩에 깨알 같은 글씨로 메모하기 시작했다.

"페르시아군의 허점이 네 가지라……, 좋습니다. 그런 관점에서 본다면 펠로폰네소스 전쟁에서 스파르타가 페르시아에게 경제적인 도움을 받음으로써 훗날 그들이 그리스 지역으로 들어올 빌미를 제공한 것이 안타까울 수 있겠군요."

"바로 그거요! 뭐, 제조업자의 아들인 클레온 같은 자가 감히 아테네군을 대표하는 장군이 되기도 하고, 위대한 스승인 소크라테스를 처형하는 말도 안 되는 상황을 불러왔으니, 아테네의 민주 정치 체제는 여전히 불만스럽소. 하지만 그래도 아테네가 페르시아의 세력을 등에 업은 스파르타에게 패배하지 않았으면 좋을 뻔했지요."

“태어난 나라인 아테네를 사랑하면서 그 나라의 정치 체제인 민주정을 혐오한다는 건 좀 모순이라고 생각했는데…… 크세노폰 씨의 처지를 알고 보니 이해되기도 하네요. 흠, 원고 측 변호사가 증인에게 아테네 민주정의 단점에 대해 질문했으면 원고에게 좀 더 유리할 수도 있었겠는데요. 민주정의 재정을 확보하려던 아테네 인들의 욕심을 더 강조할 수 있었을 테니 말입니다. 어쨌든 아테네 민주정의 잘못된 점에 대해 날카롭게 지적해 주셔서 취재에 많은 도움이 됐습니다. 그런데 잠깐만요. 제가 지금 촬영 감독을 불러올 테니 했던 말을 다시 한 번 해 주실 수 있겠습니까? 내일 오전 뉴스에 내보내고 싶은데…….”

다알지 기자는 미소를 지으며 잽싸게 휴대폰을 꺼내 촬영 감독의 전화번호를 눌렀다. 그러자 크세노폰이 당황한 표정으로 그를 만류했다.

“아, 아니, 잠깐! 내가 하려는 말은 아테네의 민주정이 잘못되었다는 것만이 아니오! 그리스 인들 사이에 펠로폰네소스 전쟁이 일어나지 않았으면 좋았을 거라는 이야기를 하던…….”

“촬영 감독? 나 다알지 기자요. 지금 빨리 사무실로 와 줘야겠어. 특종이 하나 있거든!”

크세노폰이 다알지 기자를 향해 손사래를 치며 외쳤다.

“어어, 다알지 기자! 진짜 이러기요? 오늘 의상이 엉망이라고!”

떠나자,
체험
탐방!

고대 그리스의 역사를 담고 있는 파르테논 신전

아테네가 한눈에 내려다보이는 자리에 위치한 파르테논 신전은 고대 아테네의 수호자로 여겨지던 아테나 여신의 신전이기도 합니다. 기원전 5세기에 아테네의 아크로폴리스에 건설되었지요. 여기서 아크로폴리스란 그리스 도시국가의 중심지에 있는 언덕을 가리키는 말입니다. 높은 곳에 있기 때문에 도시국가가 한눈에 내려다보이지요.

원래 이 자리에는 다른 신전이 있었는데, 페르시아 인의 공격으로 파괴되었다고 전해집니다. 그래서 익티노스의 설계, 페이디아스의 총감독, 칼리크라테스의 공사로 파르테논 신전이 지어졌지요. 정면에 여덟 개의 웅장한 기둥이 있고, 내부는 동서로 나뉩니다. 장장 16년에 걸쳐 완성된 건축물답게 웅장하면서 유려한 아름다움을 지니고 있지요. 유네스코에서 첫 번째 세계 문화유산으로 삼아 보호하고 있으며, 유네스코를 상징하는 마크로도 쓰이고 있습니다.

이처럼 고대 그리스 건축물 중 현재 가장 중요한 것으로 손꼽히고 있는 파르테논 신전은, 과거에도 아주 중요하게 사용되었습니다. 바로 이곳이 도시국가 아테네의 금고이자, 한때 델로스 동맹의 금고로 쓰였기 때문이지요. 신전의 장식 조각 또한 뛰어난 그리스의 예술을 잘 표현한 것으로 인정받고 있습니다. 파르테논 신전 지붕의 조각 중 일부를 찍은 우측 사진은 아테나 여신의 탄생을 표현한 조각 중 디오니소스 부분이라고 알려져 있습니다. 디오니소스는 그리스 신화에 등장하는 술의 신이지요.

그리스 아테네에 가면 파르테논 신전 외에도 '제우스 신전'과 같은 여러 신전을 만날 수 있습니다. 고대 그리스 사람들은 신을 친숙하게 여기며 믿었기 때문에 신전을 많이 지었지요. 세월이 많이 흘렀지만, 신전들에 가 보면 당시 신에게서 답을 구하던 고대 그리스 인의 모습을 상상할 수 있습니다.

찾아가기 그리스 아테네 시내의 아크로폴리스 언덕

멀리서 본 파르테논 신전

파르테논 신전의 조각

한 걸음 더! 역사 논술

『역사공화국 세계사법정 06 왜 아테네는 펠로폰네소스 전쟁에서 졌을까?』와 관련한 논술 문제를 풀어 봅시다.

※ 다음 제시문을 읽고 물음에 답하시오.

(가) 아고라 : 고대 그리스 도시국가의 광장으로 재판이나 사교 등 다양한 활동이 이루어진 곳입니다. 어원이 '모이다'라는 뜻으로 고대 그리스의 도시국가의 중심에 서 있는 광장을 의미하지요. 오늘날에는 공적인 의사소통이나 직접 민주주의를 상징하는 말로 사용됩니다.

(나) 도편 추방제 : '오스트라키스모스'라고도 하며, 고대 그리스 아테네에서 1년에 한 번씩 시민들이 모여 독재를 펼치거나 국가에 해를 끼칠지 모르는 사람의 이름을 도편(도자기 조각)에 적은 것을 말합니다. 이름이 많이 적힌 사람을 10년 동안 국외로 추방하였지요.

1. (가)는 고대 그리스의 '아고라'에 대한 설명이고, (나)는 '도편 추방제'에 대한 내용입니다. (가)와 (나)를 통해 아테네에서 직접 민주 정치가 가능했던 이유에 대해 아래의 내용을 참고하여 쓰시오.

직접 민주 정치 : 국가의 의사를 결정하는 데 있어서 국민이 직접 참여하는 제도를 말합니다. 대표자를 매개로 하지 않지요.

※ 다음 제시문을 읽고 물음에 답하시오.

(가)

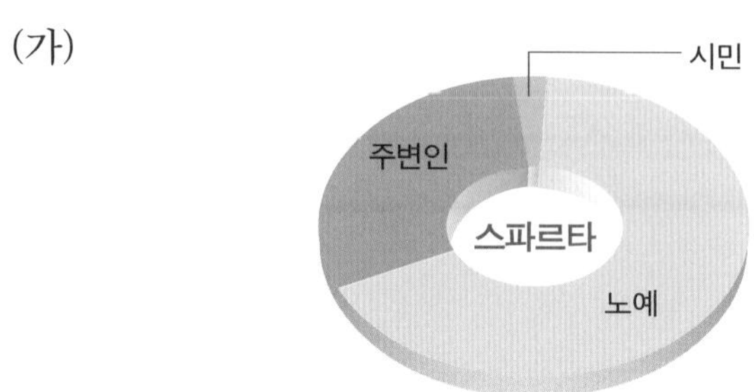

(나) 펠로폰네소스 반도 남부에 위치한 고대 그리스의 스파르타는 여러 도시국가들 중에서 영역이 넓고 식량의 자급자족이 가능한 나라였습니다. 스파르타에는 정복자인 자유민(시민) 스파르타 인과 피정복자인 헬롯 외에 반자유민이 있었습니다. 토지를 헬롯에게 경작하게 하고 수확의 절반을 자유민이 가지고 갔지요. 스파르타의 자유민 중 모든 남자 시민은 어려서부터 엄격한 군사 훈련을 받았습니다. 허약한 아이는 버려지고, 건강한 아이는 일곱 살이 되면 부모 곁을 떠나 국가가 운영하는 공동 교육 장소에서 엄격한 육체 훈련과 정신 교육을 받았지요.

2. (가)는 스파르타의 인구 구성을 표로 보여 준 것이고, (나)는 스파르타의 교육 방법에 대한 내용입니다. (나)와 같은 교육이 될 수밖에 없었던 이유를 (가)를 배경으로 하여 서술하시오.

해답 1 직접 민주 정치가 가능하려면 국민들이 정치에 관심이 많아야 하며, 또 상대적으로 인구가 많지 않아야 합니다. 많은 사람들이 모두 정치에 의견을 낸다면 그 또한 매우 혼란스러울 것이기 때문이지요. 고대 그리스의 아테네에서는 평민들의 권한이 강화되면서 정치적인 관심도 높아졌습니다. 또한 아테네는 도시국가였기 때문에 상대적으로 인구가 많지 않았습니다. 따라서 아고라에 모여서 정치적인 의견을 주고받고 '도편 추방제'를 이용하여 독재를 펼칠 것 같은 사람의 이름을 적어 그를 추방하는 것과 같은 직접 민주 정치가 가능하였지요.

해답 2 스파르타는 우선 시민, 즉 자유민의 비율이 전체 국민에 비해 상대적으로 아주 적었습니다. 시민보다 노예가 훨씬 많았기 때문에 이들을 다스리기 위해서는 엄격한 규칙과 힘이 필요했습니다. 한편 노예들이 생산 활동을 하기 때문에 시민들은 교육과 훈련에 매진할 수 있었지요. 이러한 분위기와 흐름이 스파르타를 엄격한 교육의 나라로 만들었습니다.

* 해답은 예시로 제시된 내용입니다.

강유원, 『서양문명의 기반』 (미토, 2003)

강응천, 『청소년을 위한 라이벌 세계사』 (그린비, 2006)

강철구, 『우리 눈으로 보는 세계사 1』 (용의숲, 2009)

김응종, 『서양의 역사에는 초야권이 없다』 (푸른역사, 2006)

남경태, 『종횡무진 서양사』 (그린비, 2001)

도널드 케이건, 『전쟁과 인간』, 김지원 옮김 (세종연구원, 2004)

도널드 케이건, 『펠로폰네소스 전쟁사』, 허승일. 박재욱 옮김 (까치, 2007)

로버트 램, 『서양문화의 역사 I』, 이희재 옮김 (사군자, 2000)

로베르 플라실리에르, 『고대 그리스의 일상생활』, 심현정 옮김 (우물이있는집, 2004)

마이클 매크론, 『이것이 서양문명이다』, 이희재 옮김 (황금가지, 2002)

마틴 버낼, 『블랙아테나』, 오홍식 옮김 (소나무, 2006)

박은봉, 『세계사 100장면』 (실천문학, 2003)

수잔 와이즈 바우어, 『세계 역사 이야기 1: 고대편』, 이계정 외 옮김 (이론과실천, 2005)

슈테판 레베니히, 『누구나 알아야 할 서양 고대 101가지 이야기』, 최철 옮김 (플래닛미디어, 2006)

아리스토텔레스. 크세노폰 외, 『고대 그리스 정치사 사료-아테네, 스파르타, 테바이 정치제도』, 최자영. 최혜영 옮김 (신서원, 2002)

에드워드 맥널 번즈 외,『서양 문명의 역사 I』, 박상익 옮김 (소나무, 1994)
H.D.F. 키토, 『고대 그리스, 그리스인들』, 박재욱 옮김 (갈라파고스, 2008)
윤진,『아테네인, 스파르타인』 (살림출판사, 2007)
윤진, 『스파르타인, 스파르타 역사』 (신서원, 2002)
윌리엄 L. 랭어, 『호메로스에서 돈키호테까지』, 박상익 옮김 (푸른역사, 2001)
이디스 해밀턴, 『고대 그리스인의 생각과 힘』, 이지은 옮김 (까치, 2009)
존 워리, 『서양 고대 전쟁사 박물관』, 임웅 옮김 (르네상스, 2006)
칼 J. 리차드, 『한 권으로 읽는 그리스 로마인 이야기』, 박태선 옮김 (다산북스, 2008)
크세노폰,『아나바시스』, 천병희 옮김 (단국대학교출판부, 2003)
토머스, R. 마틴, 『고대 그리스의 역사』, 이종인 옮김 (가람기획, 2004)
투키디데스, 『펠로폰네소스 전쟁사 상, 하』, 박광순 옮김 (범우사, 2006)
페르낭 브로델, 『지중해의 기억』, 강주헌 옮김 (한길사, 2006)
피에르 레베크, 『그리스 문명의 탄생』, 최경란 옮김 (시공사, 2001)
플루타르코스, 『영웅전 전집 I, II 』, 이성규 옮김 (현대지성사, 2000)
허승일 외, 『인물로 보는 서양 고대사』 (길, 2007)
험프리 미첼, 『스파르타』, 윤진 옮김 (신서원, 2000)
헤로도토스, 『역사』, 천병희 옮김 (숲, 2009)
헤시오도스, 『신통기』, 김원익 옮김 (민음사, 2003)
호메로스, 『일리아드』, 천병희 옮김 (종로서적, 1987)

찾아보기

ㅍ

ㅎ

역사공화국 세계사법정 06
왜 아테네는 펠로폰네소스 전쟁에서 졌을까?

초 판 1쇄 발행 2010년 9월 30일
개정판 1쇄 발행 2013년 4월 23일
6쇄 발행 2022년 12월 1일

지은이 육혜원
그린이 이남고
펴낸이 정은영

펴낸곳 (주)자음과모음
출판등록 2001년 11월 28일 제2001-000259호
주소 10881 경기도 파주시 회동길 325-20
전화 편집부 (02) 324-2347 경영지원부 (02) 325-6047
팩스 편집부 (02) 324-2348 경영지원부 (02) 2648-1311
이메일 jamoteen@jamobook.com

ISBN 978-89-544-2406-6 (44900)